Muslim-Christian Encounter

예영커뮤니케이션

Muslim—Christian Encounter Vol.9, No.1

엮은이: 한국이슬람연구소
펴낸이: 원성삼
펴낸곳: 예영커뮤니케이션
초판1쇄 발행일: 2016년 3월 31일

출판신고 1992년 3월 1일 제2-1349호
136-825 서울시 성북구 성북로6가길 31
Tel (02)766-8931 Fax (02)766-8934

ISBN 978-89-8350-941-3 (94230)
        978-89-8350-894-2(세트)

정가 9,000원

www.jeyoung.com

이 도서의 국립중앙도서관 출판예정도서목록(CIP)은 서지정보유통지원시스템 홈페이지
(http://seoji.nl.go.kr)와 국가자료공동목록시스템(http://www.nl.go.kr/kolisnet)에서 이용하실
수 있습니다.(CIP제어번호: CIP2016008533)

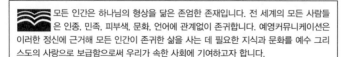

Muslim-Christian Encounter

Editorial Board : Ah Young Kim, Caleb C. Kim, Matthew Jung,

J. Dudley Woodberry, Hyung Jin Park, Steve Yim,

Shin Suk Kim, Tim Hyunmo Lee

Researcher : Abraham Cho, Jung Nyun Kim, Jee Yun Kwon,

Kyung Hee Lee, Hyun Kyung Lee, Sun Kyung Park,

Paul Kim, Priscilla Taesoon Choi, Hae-Min Lee, Paul kyu-Jin Choi

E-mail : ttcis@ttgu.ac.kr

Homepage : http://ttcis.ttgst.ac.kr

Tel. : 02) 570-7563

* 이 저널은 Golbal Member- Care for World Mission (사단법인 아시안미션)의 후원으로 제작됩니다.

contents

Torch Trinity Center for Islamic Studies Journal

Volume 9, Number 1, March 2016.

권두언

　지난해 12월 레반트 지역의 한 국가에서는 무슬림 난민 사역을 위한 모임이 있었습니다.

　난민이 발생하는 인근 지역, 터키와 그리스 등과 같은 중간 기착지, 최종적으로 정착하기를 원하는 유럽과 북미의 사역자들이 긴밀하게 협력할 수 있는 구조를 통해 무슬림 난민들을 효과적으로 도울 수 있는 방법을 모색하는 자리였습니다.

　본 저널에도 그 글이 게재되어 있는 루펜 다스 박사의 지적대로 대부분의 내전들이 2-3년 내에 종전되지 않으면 10년이 넘는 장기전으로 바뀔 가능성이 높다는 관찰에서 볼 때, 무슬림 난민을 대규모로 발생시키고 있는 시리아의 내전이 5년을 넘어가는 상황에서 무슬림 난민 문제는 이제 발생 인근 지역의 문제나, 소수 관심이 있는 사람들만의 문제만이 아닌 전 인류가 지혜와 마음을 모아야하는 지구적인 이슈가 되어 가고 있는 것입니다.

　이미 우리보다 앞서 전문적으로 이러한 사역들을 감당해 오고 있는 유럽과 미국 출신 동역자들의 보고를 통하여 우리가 한 가지 확인할 수 있었던 분명한 사실은 이 일이 개별적으로 이루어지기 보다는 광범위하게 흩어져 있는 수많은 점들을 연결해서 파트너십과 동역으로 이루어져야 한다는 것입니다. *"conneting the dots"*!

　난민 사역은 발생지역에서 가까울수록 긴급성을 요해서 의료와 구제, 교육사업을 중심으로 이루어져야 하고 발생지역에서 먼 곳으로 퍼져나갈수록 복합적이고 장기적인 양상을 보이게 됩니다. 이미 1970년대부터 "똘레랑스"라고 하는 가치를 엘리트적인 가치로 받아들여 문화와 인종이 다른 사람들을 적극적으로 수용했던 프랑스와 벨기에 등이 이슬람주의자들의 테러의 주요 대상이 되고 주요 거점이 되어가는 것이 난민 문제가 안고 있는 복합성을 잘 보여주는 예입니다. 이러한 이유로 인도주의적인 차원에서 난민수용에 개인이나 정부가 적극적이었던 유럽의 많은 국가들이 현재는 찬, 반으로 나뉘어 갈등을 표면화시키고 있고 그 해결책은 멀게만 느껴지는 것입니다. 이러한 갈등의 경계선에 교회가 서 있습니다. 유럽의 많은 국가들에서 난민 수용에 적극적으로 나서고 있는 교회에 대해 곱지 않은 시선을 보내고 있는 사람들로 인해 사회와 긴장 관계에 놓여있는 것이 교회가 처한 엄연한 현실이기 때문입니다.

서두에 언급한 그 모임에서 확인할 수 있었던 것은 이 사역의 긴급성과 전문성, 지속성에 비해 아직 한국 교회의 이해와 실천이 일천하다는 것입니다. 대부분의 이슬람 관련 이슈에 대한 예에서 볼 수 있듯이 난민 문제에 대한 관심도 지속성을 띠지 못하고 사역의 내용도 초보적인 수준에 머물러 있기 때문입니다.

이러한 인식 속에서 한국 이슬람 연구소가 2016년 봄에 펴내는 저널의 주제는 Muslim Refugee Ministry입니다.

지난해 모임에서 만나 귀한 신학적 성찰을 나누고 구체적인 실천방안을 토론했던 루펜 다스 박사님, 최규진 목사님이 글을 다듬어 게재를 허락해 주심에 깊은 감사를 드립니다. 최규진 목사님의 글은 특별히 한인 디아스포라 교회가 어떻게 구체적으로 난민 사역을 감당할 수 있을 것인가에 대한 귀한 사례를 제공합니다.

또한 모임에 참석하여 한국에도 시리아 난민 포함 난민이 존재한다는 사실과 이 사역의 중요성을 상기시켜 주신 이 일 변호사님의 기고를 통해 한국적 상황에 대한 인식을 갖게 됨을 감사하게 생각합니다.

이 저널을 기획하면서 되도록 다양한 관점을 가진 분들의 공헌을 기대하게 되었는데 이러한 연구소의 기획의도에 공감하여 현안 문제들로 바쁜 가운데서도 흔쾌히 논문을 보내주신 유엔 주재 한국 대표부 한충희 차석 대사님에게 감사의 인사를 드립니다. 또한 벨기에 이민사회에 대한 인류학적 연구를 해 오신 프리실라 최 박사님의 논문을 통하여 우리보다 한 세대 앞서 이러한 문제를 겪어온 유럽의 경험을 독일과 벨기에의 사례를 통해 배울 수 있는 기회를 독자들이 갖게 된 것을 기쁘게 생각합니다.

이 저널을 통하여 한국과 세계에 흩어져 있는 한인들이 이 문제를 숙고하고 실천에 옮길 수 있는 좋은 자극제가 되기를 기대하며 본 연구소가 무슬림 난민 사역을 위한 수많은 점들을 연결시키는 작은 점 하나의 역할을 하게 됨을 하나님께 감사드립니다.

2016년 봄,
한국이슬람연구소 소장 김아영

GOD AND REFUGEES: FOUNDATIONS FOR HOPE
THE CHURCH RESPONDING TO MUSLIM REFUGEES

Rev. Dr. Rupen Das*

* **Rupen Das** is with Canadian Baptist Ministries on secondment to the European Baptist Federation. He is also Research Professor of Social Justice, Compassion and Development with Tyndale University College and Seminary in Toronto, as well as on the faculty of the International Baptist Theological Study Center in Amsterdam. Previously he was on secondment to the Lebanese Baptists in Lebanon and has served with the Navigators in the US, South East Asia and India.

I . INTRODUCTION

This paper was presented at the Muslim Refugees' Consultation in Amman, Jordan December 9-12, 2015.

Why does God care for the refugees and migrants? God's particular concern for vulnerable foreigners is based on the fact that they are displaced from their homes, where they have been physically rooted. Place and one's identity and security are integrally linked. The process of being displaced is devastating for individuals. Both the Old and New Testaments include the care for the foreigners in need, along with the poor and vulnerable, as the responsibility of the people of God. The paradigm for ministry to refugees is found in Miroslav Volf's concept of exclusion and embrace. This is the missiological basis on which the present ministry to refugees in the Middle East is based.

The refugee crisis engulfing the world right now is not a new phenomenon. It is only the latest wave of refugees who are fleeing conflict, persecution, destruction of their homes and livelihoods, and death. Displacement as a result of war and natural disasters has a long history through the ages. While there are legal difference between refugees and migrants, in reality there are very few differences because people move when they are unable to continue living and supporting their families where they are.

The level of human suffering of these waves of refugees requires the Church and Christians to understand God's perspective on refugees. Yet how the church demonstrates the reality and compassion of Christ to those displaced will vary from context to context. While the majority of the refugees are comparatively poor, their needs are different than those who live in poverty, because refugees have lost their homes and their identity. Princeton theologian Daniel Migliore writes, "Confession of Jesus Christ takes place in particular historical and cultural contexts. Our response to the questions of who we say Jesus Christ is and how he helps us is shaped in important ways by the particular context in which these questions arise". This paper will explore the biblical, theological and missiological foundations, as well as some observations from current missions for this discussion. While most of what will be discussed is common for all refugees, there are some aspects that are specific to ministering to Muslim refugees.

II . BIBLICAL AND THEOLOGICAL FOUNDATIONS [1]

1. THE GRACE AND COMPASSION OF GOD

Displacement has always been a reality since the beginning of time. Adam and Eve were displaced from their home that God had created for them because of their disobedience. Cain was judged and driven from the area where he had made his home because of jealousy and murder. Centuries later, the Southern Kingdom of Judah was conquered and the elite were driven into exile because of idolatry and social injustice. Yet what is remarkable in each instance is the character of God, who extends grace and unmerited favour to those who have been displaced enabling them to cope with the consequences of their own actions, even though the crisis was their fault. In the case of Adam and Eve, He provided them clothing so that they could cope with the consequences of shame. Even in their exile from His presence, God never abandoned them but blessed them with children (Gen. 4:1) and enabled them to worship Him (Gen. 4:3-4). God gave Cain a physical mark so that as he wandered he would be protected and not harmed, as he feared. God never abandoned Israel in exile and promised that at the right time. He would restore them (Jer. 29: 10-14). He even instructed them what to do so that He could bless them in exile (Jer. 29: 4-8).

At other times, when the tribes of Jacob were humiliated and enslaved in Egypt for four hundred years, away from the land that God had promised them, God heard their cry and sent them a liberator. So whether people are displaced because of their own actions or are victims of the brutality of others, God is concerned for their plight and wellbeing. God never abandons His creation and in His righteousness will fulfil His obligation to them.[2] Theologian James D.G.

---

1 Daniel Migliore, *Faith Seeking Understanding: An Introduction to Christian Theology* (Grand Rapid, MI: William B. Eerdmans Publishing Company, 2004).

2 James D.G. Dunn states that while the Greek understanding of righteousness meant a state of moral perfection, in Hebrew thought "righteousness" is understood more as a relational concept – "as the meeting of obligations laid upon the individual by the relationship of which he or she is part." James D.G. Dunn, *The Theology of Paul the Apostle* (Grand Rapids, MI: William B. Eerdmans Publishing Company, 1998), 341.; German theologian G. Schrenk states that *sedaqa* implies a relationship. He writes, "This linking of right and salvation is most deeply grounded in the covenant concept. *Sedaqa* is the execution of covenant faithfulness and the covenant promises. God's righteousness as His judicial reign means that in covenant faithfulness to His people He vindicates and saves them." Quoted in R. Laird Harris, Gleason L. Archer, Jr., Bruce K. Waltke,

Dunn emphasizes the relational dimensions of righteousness and states that God's righteousness was the "fulfilment of His covenant obligation as Israe's God in delivering, saving, and vindicating Israel, despite Israel's own failure."[3] So, just as God was righteous in His relationship with Israel, He is also righteous with the rest of His creation and will fulfil His obligation to redeem and save them. (Rom. 1: 16-17)

God's character demonstrated through His grace, compassion and righteousness is the starting point in knowing how God relates to the refugees and displaced.

2. GOD'S CONCERN FOR THE DISPLACED AND VULNERABLE

God caring for those who live on the margins of society because of their suffering is a prophetic act. It illustrates physically God's concern for those who are spiritually not part of His Kingdom because of the evil that has broken them and the darkness that holds them in bondage. It is a prophetic act also because caring for those who suffer shows what the Kingdom of God is really like – where the weak, poor, the vulnerable, the broken, the refugee, and the rejected are not discarded but are valued and find that they belong. It speaks about the value and worth of each person in the economy of God. Because He created them, they are of equal value regardless of their social or economic status, nationality or ethnicity.

While much has been written as to why God cares for the poor,[4] there is very little on why does God care for the displaced and the vulnerable foreigner, other than the fact that He does. God's concern for the displaced (the refugee and migrant) speaks to the fact that human beings are created to belong to specific places. In creation God placed human beings in a specific location. The consequences of sin included being uprooted and displaced from what had been their home and all that was familiar to them. Anglican theologian John Inge

Theological Workbook of the Old Testament (Chicago, IL: Moody Publishers, 1980), 755.

3   James D.G. Dunn, *The Theology of Paul the Apostle* (Grand Rapids, MI: William B. Eerdmans Publishing Company, 1998), 342.

4   Rupen Das, *Compassion and the Mission of God: Revealing the Invisible Kingdom* (Leicester: Langham Global Library, 2015).

states, "place is a fundamental category of human experience"[5] and therefore the theological dimensions of the interaction between place and human beings needs to be understood. Philosopher and Christian mystic Simone Weil explains,

> To be rooted is perhaps the most important need of the human soul. It is the hardest to define. A human being has roots by virtue of his real, active, and natural participation in the life of the community, which preserves in living shape certain particular treasures of the past and certain particular expectations of the future…It is necessary for him to draw well-nigh the whole of his moral, intellectual, and spiritual life by way of the environment of which he form[s] a natural part.[6]

Belonging to a place gives a person an identity. The identities of Paul of Tarsus and Joseph of Arimathea indicated not only their hometown, but also identified who they were in terms of their family, social standing, and culture. Even the Son of God was referred to as Jesus of Nazareth. After identifying Jesus was from Nazareth, Nathaniel responds to Philip, "Can anything good come out of Nazareth?" (Jn.1:46 ESV). The place implied the moral character of its inhabitants. The idea that one 's existence is somehow connected to a place is what Craig Bartholomew, Professor of philosophy at Redeemer University College, refers to as implacement.[7] He writes that the Bible reveals how God "intends for humans to be at home, to indwell, in their places; place and implacement is a gift and provides the possibility for imagining God in his creation."[8]

Therefore, physical belonging, along with all its social, psychological and cultural dimensions, provides the foundation to understand what it means to belong to an eternal Kingdom and a heavenly family. It is in understanding the importance of belonging to a place and the devastation that displacement causes to an individual by destroying their identity and sense of self and dehumanizing them, does one begin to grasp God 's concern for the displaced. Old Testament

---

5   John Inge, *A Christian Theology of Place* (Burlington, VT: Ashgate Publishing Company, 2003), 46.

6   Simone Weil, *The Need for Roots* (New York, NY: G.P. Putnam's Sons, 1952), 43.

7   Craig G. Bartholomew, *Where Mortals Dwell: A Christian View of Place for Today* (Grand Rapids, MI: Baker Academic, 2011), Kindle Location, 174.

8   Ibid., 698.

scholar Walter Brueggemann states that existentialists don't understand that there is "human hunger for a sense of place." He writes, "it is rootlessness and not meaningless that characterizes the current crises. There are no meanings apart from roots."[9]

Brueggemann explains that physical places have meaning in the biblical narrative. He writes, "Land is never simply physical dirt but is always physical dirt freighted with social meanings derived from historical experience."[10] Brueggemann looks at the Old Testament narrative through the lens of the land and suggests that the central problem in the Bible is about homelessness (anomie[11]).[12] The New Testament affirms this narrative when the letter to the Hebrews refers to certain Old Testament characters as "being strangers and exiles" and "seeking a homeland" (Heb. 11: 13-14 ESV). God then responds to the problem of displacement and loss of their home by bringing them into an eternal city, a new home and a new identity in a heavenly country (v.16). Hebrews 12:1-2 then encourages Christians to follow the example of Jesus who bears the loss of everything so that He could be "home" at the right hand of the Father. The Apostle Paul writing to the church in Philippi states, "Our citizenship is in heaven." (Phil. 3:20). This dual identity of an earthly sense of belonging to a particular place and a heavenly home and citizenship are intertwined. However, the loss of an earthly home and all that it means still allows the refugee to be secure in a heavenly and enduring citizenship if they choose to accept the gift God offers.

This understanding of the importance of place and the devastating and dehumanizing experience of displacement provides the framework to understand God's compassion and concern for the foreigner in ancient Israel.[13]

---

9   Walter Brueggemann, *The Land: Place as Gift, Promise, and Challenge in Biblical Faith*, 2nd Edition (Minneapolis, MN: Augsburg Fortress, 2002), 4

10   Ibid., 2.

11   *Dictionary.com* defines it as "a state or condition of individuals or society characterized by a breakdown or absence of social norms and values, as in the case of uprooted people."; *Merriam-Webster dictionary* defines it as "social instability resulting from a breakdown of standards and values; also: personal unrest, alienation, and uncertainty that comes from a lack of purpose or ideals."

12   Brueggemann, *The Land*, 187.

13   The foreigner in the Old Testament was known as a *ger* who is "is essentially a foreigner who lives more or less permanently in the midst of another community, where he is accepted and enjoys certain rights." Roland de Vaux, *Ancient Israel: Its life and Institutions* (London: Darton, Longman & Todd, 1965), 74.; Abraham and Moses were *gerim*. Later when the Israelites settled in

As Israel transitioned from a group of nomadic tribes wandering in the wilderness to forming a nation in the land into which they were led, the social contract that they established through the laws that were given to them by God, identified the importance of care of the vulnerable in society.[14] While in the first giving of the Law in Exodus (the Covenant Code) foreigners were not identified as a vulnerable group, the foundation for how they were to be treated was described in Ex. 23:9, "Do not oppress an alien; you yourselves know how it feels to be aliens, because you were aliens in Egypt." The experience and history of the Jews in Egypt would give them a fresh and deeper understanding of a new dimension of poverty and exclusion, and as a result would impact the social contract that was beginning to be defined by the Covenant Code of Exodus.[15] The Jews by then understood the devastation that displacement causes. By the time of the second giving of the law, the Deuteronomic Code (Deut. 12-26), the fixed word pair of "widows and orphans" to signify the most vulnerable and poor,[16] now included the stranger in the land (Deut. 24:20).

This is significant because while in the cultures surrounding ancient Israel there was much in the Egyptian wisdom texts and prayers, and in the ancient Near Eastern royal ideology of being just and compassionate to the poor in everyday life, in business dealings, and in the court, there was nothing about care for the foreigners who did not belong to the community and nation. A king's concern was only his citizens and never for the foreigner. This unique distinction of concern for the vulnerable foreigner in Israel's law speaks of God's compassion for the displaced.

---

the land and saw themselves as "the people of the land" and the legitimate owners, all the former inhabitants became *gerim,* unless they became slaves or were assimilated into Israelite society through marriage. To this group were latter added immigrants. So while the *gerim* were free men and not slaves, they did not have full civic or political rights. Since most of the landed property was in the hands of the Israelites, the *gerim* worked by hiring out their services. So they were poor and were considered in the same category as the widows, orphans and the other poor, who were protected by the Mosaic Law to receive charity and help.

14 These included the slaves, who were to be part of households and even though did not have any rights, there were guidelines on how they were to be treated and cared for. The most vulnerable were the widows and orphans, who were to be cared for by the extended family. If for some reason this did not happen, the community had to assume responsibility to care for them.

15 David J. Pleins, *The Social Visions of the Hebrew Bible: A Theological Introduction* (Louisville, KY: Westminster John Knox Press, 2001), 40-42.

16 Arthur Glasser, *Announcing The Kingdom: The Story Of God's Mission In The Bible* (Grand Rapids, MI: Baker Academic, 2003), 87-88.

3. JESUS AND THE VULNERABLE FOREIGNER

In the New Testament, Jesus follows in the tradition of the Old Testament of showing compassion for the vulnerable in society.[17] At least 75-80% of his audience were poor, which included foreigners residing in the land.[18] However, only a few of Jesus 'encounters with foreigners were recorded. In His conversation with the Samaritan woman at the well belonging to a community that was despised and marginalized by the Jews, Jesus showed her respect, compassion and understanding. When a Centurion of the hated Roman occupying army approached Jesus for healing of his servant (Lk.17: 1- 10), He honoured the Centurion in front of the crowd for his understanding of authority and faith, while also healing the servant. During a visit to Tyre, when a Syro-Phoenician woman approached Jesus asking for deliverance of her daughter from demonic spirits, Jesus did not ignore her because she did not belong to the Jewish community, but healed her daughter. In every instance, Jesus showed respect to the foreigners and in compassion met their needs and made no distinction between them and the poor and vulnerable Jews He was ministering to.

When Jesus described the judgement seat of Christ in Matthew 25:31-46, He specifically referred to the faithful who had invited in strangers (v.35). Strangers in first century Palestine were non-Jewish foreigners, and tended to be poor and did not belong to the community. Jesus was stressing that those strangers who were desperate and in need were as much His concern as were the Jewish poor, widows and orphans.

God 's attitude towards the vulnerable (the poor, migrants, refugees, disabled and others) is probably most clearly seen in the parable Jesus told about Lazarus

---

17 So when Jesus spoke about the poor, He was referring to the majority who were oppressed because of the greed and injustice of a small wealthy and powerful elite. When He taught and preached, his listeners were the chronically poor and those in extreme poverty (who lived in the fringes of society), while some from the wealthy and elite sections of society listened in. He used parables about being exploited that they could relate to (Mk. 12:40-44, Matt: 18:21-35). He spoke about a God who cared enough to feed the birds of the air and clothe the flowers of the field because they were worried about their next meal and did not have a spare set of clothes or enough warm clothing for the winter (Matt. 6:25-34). He fed them as they listened to Him teach, because they did not have enough food to bring with them (Matt. 14:13-21). He healed them because they could not afford to go to the doctors (Matt. 8:1-17, 9:1-8, 12: 9-14, and so many more).

18 Philip A. Harland, "The Economy of First-Century Palestine: State of the Scholarly Discussion," in *Handbook of Early Christianity: Social Science Approaches,* eds. Anthony J. Blasi, Jean Du-haime and Philip-Andre Turcotte (Walnut Creek, CA: Alta Mira Press, 2002), 515.

the beggar. The parable is about the rich and poor in 1st century Palestine (who also included widows, orphans, and foreigners) where the rich were immortalized in lavish burial tombs that honoured their name and memory. Going against the cultural norm, Jesus instead honours Lazarus, who was not only poor but also a beggar who had nothing and no social standing, so that he is remembered by history through the living memorial of the parable because he has a name. However, Jesus leaves the rich man anonymous and thus having no lasting honour. By giving Lazarus a name, Jesus identifies him as a unique individual and not just as one of the poor who hide in shame.

In the parable, the name that Jesus pointedly chooses for the beggar is Lazarus, which is derived from Hebrew אלעזר, *El'āzār,* meaning "one whom God has helped". Through that He reveals the heart of God for the poor and the broken. The dogs, whose saliva is healing for his sores, care for Lazarus. God's creatures had more compassion for the beggar who was sick and desperately hungry than the rich man, who was oblivious of Lazarus' existence as he passed him every day as he went in and out of his house.

The rich man is not condemned for being rich, but for not being concerned for the poor. His concern right to the end remains only for his family and never for those who are not part of his social circle. He excludes the outsider as not being worthy of his attention and care. Abu Zayd 'Abd al-Rahman Ibn Muhammad Ibn Khaldun al-Hadhrami (known as Ibn Khaldun), the Tunisian Arab historian and sociologist, observed that tribes survived by taking care of their own and rarely those who did not belong to their tribe.[19] Jesus challenges this prevailing attitude that a family's and tribe's only concern should be for their own, to the exclusion of all others.

The most remarkable thing in the parable is that Lazarus never complains nor speaks throughout the parable. Culturally he would not have been allowed to speak to the rich. How can one so shamefully poor and socially outcast speak with an honourable member of the community! God breaks through this stifling cultural barrier and honours him by speaking for him who has no voice.

19 Ernest Gellner, *Muslim Society* (Cambridge: Cambridge University Press, 1981), x.

III. LESSONS FROM MISSIONS

1. MISSIOLOGICAL FOUNDATION

The missiological paradigm to understand how to relate to and minister to refugees is found in Croatian theologian, now at Yale, Miroslav Volf's concept of exclusion and embrace. He writes that so many of the sins we commit against our neighbour are acts of exclusion.[20] Volf describes exclusion as "not recognizing the other as someone who in his or her otherness belongs to the pattern of interdependence. The other then emerges as an inferior being who must either be assimilated by being made like the self or be subjugated to the self."[21] The foreigner, the refugee and the migrant are thus seen as a threat to the values and security of the community. Volf writes that such societies have a false sense of purity and "want the world cleansed of the other rather than the heart cleansed of the evil that drives people out by calling those who are clean "unclean" and refusing to help make clean those who are unclean."[22]

In understanding how refugees and migrants are mistreated and excluded from society, the basis for any ministry to them is found in God's act of redemption. Volf writes, "God's reception of hostile humanity into divine communion is a model of how human beings should relate to the other."[23] He explains that in order to move from exclusion to embrace there need to be moments that provide space for repentance, forgiveness, making space in oneself for the other, and healing of memory.

In a world where violence against migrants and refugees is becoming commonplace because of the perceived threat that they pose, Volf states that neutrality is not an option because taking the side of those suffering is in the prophetic and apostolic traditions of the Bible. He writes, "These people hear the groans of the suffering, take a stance, and act...After all, they are called to seek and

---

20 Miroslav Volf, *Exclusion and Embrace: A Theological Exploration of Identity, Otherness, and Reconciliation* (Nashville, TN: Abingdon Press, 1996), 72.

21 Ibid., 67.

22 Ibid., 74.

23 Ibid., 100.

struggle for God's justice, not their own."[24]

In order to understand Volf's concept of social exclusion with regards to Muslim refugees, it important to realize that it is deeply rooted in Arab history and culture, often for good reasons. Ibn Khaldun observes that, "only tribes held together by group feelings can live in the desert…"[25] since the group ensured the survival and well being of the individual. Yet this obligation was always limited in practice to the immediate group, family or clan and very rarely beyond it.[26] The reason for this is the concept of assabiyah, which Ibn Khaldun says refers to group solidarity or groups consciousness. Assabiyah was what binds society, family, tribe, religion and nation. It gives people a sense of belonging and ensures stability of institutions in the community. It is the driving force behind all social change.[27] The fear is that a loss of group cohesion as described by assabiyah will result in the destruction of the community. Fida Muhammad at the Eastern New Mexico University writes, ""Disintegration of collective consciousness creates anomie (moral deregulation)…Loss of assabiyah will also create moral and economic individualism, but will end up in the destruction of a civilization."[28] A focus on the group cohesion ensures the survival of the group but in the process excludes the outsider or other groups.

This then provides the foundation for ministering to Muslim refugees. In the midst of their displacement, they have also lost their community which supports them and which also provides them with their social, religious, cultural and ethnic identity. As refugees they have become foreigners who do not belong in their host community. As Brueggemann stated that the crisis is one of rootlessness and that without being physically, socially and culturally rooted individuals cannot find meaning.

24 Ibid., 219.

25 Quoted in Gellner, *Muslim Society* (Cambridge: Cambridge University Press, 1981), x.

26 Bruce Malina writing about collectivistic societies states, "Should a group member fall ill, the goal of an individual's healing is group well-being. Focus is on the in group, cooperation with in group members, maintenance of ascribed status, and group-centered values." Bruce J. Malina, "Collectivism in Mediterranean Culture," *Understanding the Social World Of The New Testament*, edited by Richard E. DeMaris and Dietmar Neufeld (London: Routledge, 2010), 23.

27 Fida Mohammad,"Ibn Khaldun's Theory of Social Change: A Comparison between Hegel, Marx and Durkheim," *The American Journal of Islamic Social Sciences* 15, no. 2 (Summer, 1998): 36-37.

28 Ibid., 34.

2. MISSIOLOGICAL LESSONS

Missiologically, the present refugee crisis in Syria and Iraq and the Church's response needs to be understood in the context of the history of missions among Muslims. David Garrison in his book "Wind in the House of Islam"[29] describes many of the different ways the Church historically has sought to minister to Muslim communities. There seem to have been no single strategy, but it varied depending on the historical and social context. The earliest recorded significant number of conversions was in 972 AD and then in 975 AD when many tribes in Syria and Palestine converted to Christianity to avoid the financial demands of their Muslim rulers. Since then some attempts to reach Muslims have included:

- Forced conversions (during the Crusades)
- Preaching, a simple lifestyle and miracles (Conrad of Ascoli in Libya in the 13th Century)
- Study of Islamic culture and language (William of Tripoli in Lebanon, 13th Century)
- Learning Arabic and use of tact and persuasion in evangelism along with respect of the rights of Muslims to property (Granada, Spain, 15th Century)
- Using the local translation of the Bible, aggressive apologetics and contextualized communities for the converts (Indonesia, late 1800s)
- Use of Arabic and embracing the culture of the people they served (the White Fathers, Algeria, late 1800s)
- Focusing on Muslim clerics in evangelism (Ethiopia, 1910)
- Being aware that during times of political and religious crises thousands of Muslims turn to the Church and to Christ (Indonesia 1965; Iran since the Islamic revolution in 1979; Algeria, 1990s; and Bangladesh since their independence in 1971).[30]

God has also been using all avenues of Christian media, as well as Christian-Muslim dialogue, and dreams and visions to introduce Muslims to Christ. There

---

29 David Garrison, *Wind in the House of Islam: How God is Drawing Muslims Around the World to Faith in Jesus Christ* (Monument, CO: WIGTake Resources, 2014).

30 Ibid.

has also been a significant interest in establishing insider movements as a strategy for Muslims to encounter Christ and yet remain within their context in the hope that the Gospel would flow along family, clan and tribal relationships.

Other times, especially during the mid-1800s when it was impossible by law in the Ottoman Empire for Muslims to convert, Protestant missions in the Near East focused on establishing educational and medical institutions to improve local conditions and the lives of Muslims and other local inhabitants. However, the objective was much more profound. Rufus Anderson, who was the senior secretary of the Prudential Committee of the ABCFM[31] in Boston, after a number of trips to the region in the mid-1800s, referring to the historical churches in the Near East, wrote, "They need to see – as Muslims also need to see – 'living exemplification of the gospel' with all its benevolent influences on society, culture and the nation."[32]

The present Syrian crisis has identified another way that God is revealing the Kingdom of God and the reality of Christ to Muslims. The foundations of this are found in the research of Dudley Woodberry at Fuller Theological Seminary where he interviewed 750 Muslim background believers, asking them what attracts Muslims to follow Jesus.[33] Among the findings, two are significant in this context. The first was that they are attracted to seeing a lived faith. This was seen in the love expressed to others, loving Christian marriages, and willingness to be sensitive to the local culture and religious values, among many other attitudes and behaviour. They were also attracted by the love of God for all people, even enemies. Woodberry writes, "When Christ's love transforms committed Christians into a loving community, many Muslims listed a desire to join such a fellowship as next in importance."[34]

As the Syrian refugees flooded into Lebanon and Jordan, as had Iraqi refugees previously, many Lebanese and Jordanian Evangelical churches, and

---

31 American Board of Commissioners for Foreign Missions (ABCFM).

32 Quoted in Habib Badr, "American Protestant Missionary Beginnings in Beirut and Istanbul: Politics, Practice and Response," In *New Faiths in Ancient Lands*, by Heleen Murre-van den Berg (Leiden: E.J. Brill, 2006), 224.

33 Woodberry, J. Dudley, Russell G. Shubin, and G. Marks. "Why Muslims Follow Jesus: The Results of A Recent Survey of Converts from Islam," *Christianity Today*, October 24, 2007. (Accessed April 13, 2015). http://www.christianitytoday.com/ct/2007/october/42.80.html

34 Ibid.

churches inside Syria felt that it was important that the churches intentionally show the love and compassion of Christ to the refugees and the internally displaced regardless of their faith. Depending on the location and the funding available, they provided food aid, health care, education and other activities for children, and emergency supplies for the winter months. Most of the churches ensured that there was no conditionality to the assistance that was being provided and that those displaced were not required to attend any activities in order to receive the aid. This demonstration of love and compassion seems to have had a significant impact.

Since this move of the Holy Spirit in the Levant is still quite new, it is too early to evaluate the impact. However, there are some observations that may be of value for this consultation.[35]

The local church and the community of believers are critical in this strategy. Foreigners who have been involved have been in the background providing support, and facilitating the humanitarian aid being provided and the spiritual ministry being done. There are a number of reasons that this is important. The first is that an Arab community being the point of contact for the refugees ensures that they do not have to cross too many cultural barriers.[36] They would not be seen as "joining" a foreign group. Secondly, and more important, is that a local church that is rooted in a local community (rather than an aid agency that comes in only to distribute aid) is able to demonstrate the love and compassion of Christ in ways that are real and tangible by welcoming them and ministering to their needs.

This has a number of implications. A comment that many pastors and church members heard from Muslim refugees as they received assistance was, "But you know we are Muslims." They were surprised that Christians would help somebody outside their community. Being so deeply ingrained by what Ibn Khaldun talked about, that one only helps those within their own tribe, the clear impact of reaching beyond one's religious, tribal, national and ethnic boundary and helping those in need is significant. It also reflects what Woodberry found in

---

35 These are mainly those of the author who has been involved directly with the local churches and refugees in Lebanon and Syria, and more recently with Syrian refugees in Europe. It also includes observations by other workers in the field.

36 However, it is important to acknowledge that there are considerable differences between Arab Christian and Muslim cultures.

his research that many Muslims are attracted to the love of God demonstrated through His people.

The local church is not a social or humanitarian agency. It is the Body of Christ, which means that the spiritual dimensions permeate everything that the church does, including the humanitarian assistance that is provided. The reality of Christ needs to be lived out as a community and in the community. Countless Muslim refugees have commented that they respect the spirituality and the Christian disciplines of believers.[37] Woodberry pointed out in his research that one of the most important reasons Muslims choose to follow Christ is because of "the power of God in answered prayers and healing."[38] Many pastors said that when they offered to pray for the refugees, the comment that they would hear is, "Do you mean that God knows my needs and would hear me when I pray?" What the Muslim refugees were desperately seeking was a genuine encounter with God.

Orthodox priest and missiologist Edward Rommen identifies a key distinction between traditional forms of evangelism and being a witness. Referring to the process of contextualization, he and David Hesselgrave had written that it is best viewed as an "attempt to communicate the message of the person, works, Word, and will of God in a way that is faithful to God's revelation as it is put forth in the teachings of the Holy Scriptures and that is meaningful to respondents in their respective cultural and existential contexts."[39] Writing twenty four years later since that original statement, Rommen states, "the definition given in 1989 includes the communication of a message about a person but not the introduction of the person proper."[40] What Muslim refugees seem to be attracted to was the reality of the Person of Christ and only after that to the message about the

---

37   This is the author's experience in Afghanistan also where Muslim national staff of the humanitarian agency he worked for commented that they respected the Christians who practiced and lived their faith in contrast to secularized westerners who had no faith and were involved in activities that were offensive to Muslims. The author is clear to distinguish between the attitudes and behavior of radical extremist elements in Muslim society and those of the majority of Muslims.

38   Woodberry, "Why Muslims Follow Jesus."

39   David J. Hesselgrave and Edward Rommen, *Contextualization: Meanings, Methods, and Models* (Grand Rapids, MI: Baker Book House, 1989), 200.

40   Edward Rommen, *Come and See: An Eastern Orthodox Perspective on Contextualization* (Pasadena, CA: William Carey Library, 2013), XII.

Person.[41]

So the local church through its ministry of compassion and humanitarian assistance enables and facilitates the refugees to encounter the living God in Christ.[42]

Finally, the local church is able to provide a community for the displaced. Muslim refugees belong to collectivistic societies and they are dependant on their community for support during times of need.[43] It is devastating for refugees to have lost their homes and in the process not only their social support but also their sense of identity and who they are. If the church is able to get beyond the social hierarchies within the church and the attitude of being exclusive of all who do not belong to its community, the church can become a place where Muslim refugees can find community, be rooted and carve a new identity in Christ, as part of His Body. The church needs to be inclusive, as Volf stated previously that God's welcome and inclusion of a "hostile humanity into divine communion" is the model for Christians to relate to those who are outside the community of the church. It is through such inclusiveness that refugees can find healing and wholeness again.

---

41 Rommen writes further. "But in the case of the gospel, which is so clearly focused on an unmediated relationship between the risen, living, ever-present Lord Jesus Christ (Gal. 2:20; 2Pet. 1:4) and the invitee, an indirect presentation via information will prove less than satisfying. Without an unmediated personal encounter there can be no reconciliation, no justification, no new life in Christ. So whatever it is, contextualization involves the mediation, not only of information about God, but the facilitation of a personal encounter with the saving, forgiving, all present, Lord of life, Jesus Christ." Ibid., XII-XIII.

42 It is important to note here that the objective of showing compassion is never to force conversion. Conversion is an internal human dynamic and not merely a process of changing social and religious groups. It is God who draws a person to Christ. Jn. 6:44, "No one can come to me unless the Father who sent me draws them, and I will raise them up at the last day." Then it is the Holy Spirit who convicts the individual of sin. Jn. 16:8 (NASB), "And He, when He comes, will convict the world concerning sin and righteousness and judgment." Finally, it is God who seals the new believer with the Holy Spirit. Eph. 1:13, "And you also were included in Christ when you heard the message of truth, the gospel of your salvation. When you believed, you were marked in him with a seal, the promised Holy Spirit." While the individual has a choice of whether to believe God and accept the gift of new life, it is God who draws people to Himself to make them citizens of His Kingdom. Conversion as understood from Scripture is an experience that is much deeper and more profound that impacts the whole individual and is not just about joining a different religious group.

43 See footnote 26 for Bruce Malina's description of collectivistic societies.

Ⅳ. CONCLUSION

Why does God care for the displaced, the refugee and the migrant? While the majority of them are like the poor, the displaced have lost their home and along with it all forms of social support and their identity in knowing who they are. The devastation that they experience dehumanizes them. This is not God's intention for any human being He has created and He is faithful to redeem and restore them as they turn to Him. The responsibilities of the Church are to reach beyond its social and religious boundaries and embrace those who do not belong to their community. Such acts of compassion and inclusion then are the beginning of restoring dignity for the displaced and for them to carve a new identity and a home both physically and spiritually.

● REFERENCES CITED

Badr, Habib. "American Protestant Missionary Beginnings in Beirut and Istanbul: Politics, Practice and Response." In *New Faiths in Ancient Lands,* by Heleen Murre-van den Berg. Leiden: E.J. Brill, 2006.

Bartholomew, Craig G. *Where Mortals Dwell: A Christian View of Place for Today.* Grand Rapids, MI: Baker Academic, 2011.

Brueggemann, Walter. *The Land: Place as Gift, Promise, and Challenge in Biblical Faith, 2*nd Edition. Minneapolis, MN: Augsburg Fortress, 2002.

De Vaux, Roland. *Ancient Israel: Its life and Institutions.* London: Darton, Longman & Todd, 1965.

Das, Rupen. *Compassion and the Mission of God: Revealing the Invisible Kingdom.* Leicester: Langham Global Library, 2015.

Dunn, James D.G. *The Theology of Paul the Apostle.* Grand Rapids, MI: William B. Eerdmans Publishing Company, 1998.

Garrison, David. *Wind in the House of Islam: How God Is Drawing Muslims Around The World To Faith In Jesus Christ.* Monument, CO: WIGTake Resources, 2014.

Gellner, Ernest. *Muslim Society.* Cambridge: Cambridge University Press, 1981.

Glasser, *Arthur. Announcing The Kingdom:* The Story Of God's Mission In The Bible.

Grand Rapids, MI: Baker Academic, 2003.

Harland, Philip A. "The Economy of First-Century Palestine: State of the Scholarly Discussion." in *Handbook of Early Christianity: Social Science Approaches,* eds. Anthony J. Blasi, Jean Duhaime and Philip-Andre Turcotte. Walnut Creek, CA: Alta Mira Press, 2002.

Harris, R. Laird, Gleason L. Archer, Jr., Bruce K. Waltke. *Theological Workbook of the Old Testament.* Chicago, IL: Moody Publishers, 1980.

Hesselgrave, David J. and Edward Rommen. *Contextualization: Meanings, Meth-*

ods, and Models. Grand Rapids, MI: Baker Book House, 1989.

Inge, John. *A Christian Theology of Place.* Burlington, VT: Ashgate Publishing Company, 2003.

Malina, Bruce J. "Collectivism in Mediterranean Culture." *Understanding the Social World of The New Testament,* edited by Richard E. DeMaris and Dietmar Neufeld. London: Routledge, 2010.

Migliore, Daniel. *Faith Seeking Understanding: An Introduction to Christian Theology.* Grand Rapid, MI: William B. Eerdmans Publishing Company, 2004.

Mohammad, Fida. "Ibn Khaldun's Theory of Social Change: A Comparison between Hegel, Marx and Durkheim." *The American Journal of Islamic Social Sciences* 15, no. 2 (Summer 1998): 36-37.

Pleins, David J. *The Social Visions of the Hebrew Bible: A Theological Introduction.* Louisville, KY: Westminster John Knox Press, 2001.

Rommen, Edward. Come and See: *An Eastern Orthodox Perspective on Contextualization.* Pasadena, CA: William Carey Library, 2013.

Volf, Miroslav. *Exclusion and Embrace: A Theological Exploration of Identity, Otherness, and Reconciliation.* Nashville, TN: Abingdon Press, 1996.

Weil, Simone. *The Need for Roots.* New York, NY: G.P. Putnam's Sons, 1952.

Woodberry, J. Dudley, Russell G. Shubin, and G. Marks. "Why Muslims Follow Jesus: The Results of a Recent Survey of Converts from Islam." Christianity Today, October 24, 2007. Accessed April 13, 2015.

http://www.christianitytoday.com/ct/2007/october/42.80.html

하나님 & 난민들: 희망의 근거 :
무슬림 난민에 대한 교회의 선교 신학적 반응

루펜 다스(Dr. Rupen Das)*

* 루펜 다스(Rupen Das)교수는 캐나다 침례교 소속으로 유럽 침례교연합회에서 파견사역을 하고 있다. 그는 토론토의 틴데일신학교(Tyndale University College, Seminary)에서 연구교수로 재직하면서 사회 정의, 긍휼, 발전에 대하여 연구하고 있다. 또한 암스테르담의 국제 침례교 신학연구센터의 교수로 있다. 이전에는 레바논의 레바논 침례교로 파송받았으며, 인도, 동남아, 미국에서 네비게이토와 함께 사역하였다.

Ⅰ. 서론

이 글은 2015년 12월 9일부터 12일에 요르단 암만에서 '무슬림 난민'을
주제로 하여 개최되었던 컨설테이션에서 발표된 내용을 글로 옮긴 것이다.

왜 하나님은 난민들과 이주자들을 돌보시는가? 약자(弱者)로서 외국
인을 향한 하나님의 특별한 관심은 그들이 그들의 고향으로부터 떠나 난
민이 되어버렸다는 사실에서 시작한다. 그들의 고향은 육신적으로 뿌리
내리고 거주하던 곳을 말한다. 장소(땅),[1] 정체성 그리고 안전은 온전히
서로 연결되어 있다. 난민이 되는 과정은 개개인에게 대단히 파괴적인 현
상이다. 성서의 구약과 신약은 외국인에 대한 돌봄의 필요성을 설명하고
있다. 약하고 가난 자와 함께 할 책임이 하나님의 사람들에게 있는 것이
다. 난민선교사역을 위한 패러다임은 미로슬라브 볼프(Miroslav Volf)의
'배제와 포용'에 그 근거를 두고 있다. 이 패러다임은 현재 중동의 난민사
역과 관련하여 선교 신학적 근거를 제공한다.

현재 세계 도처를 에워싸고 있는 난민위기는 새롭게 나타난 현상이 아니
다. 그것은 단지 갈등, 박해, 그들의 거주지와 생활의 파괴로부터 도망치고
있는 최근 난민현상의 흐름일 뿐이다. 자연재해와 전쟁의 결과 삶의 터전으
로부터 쫓겨난 이러한 현상은 세대를 거듭해 오랜 역사를 가지고 있다. 난민
과 이주자는 법적으로 다르게 해석하지만, 실제로 다르지 않다. 왜냐하면 난
민이나 이주자들은 본래 살고 있는 거주지에서 지속적인 삶을 유지할 수 없
고, 가족들을 부양할 수는 없는 사람들을 지칭하기 때문이다.

최근의 난민 발생의 흐름을 살펴볼 때, 난민들이 겪는 인간적 고통의 단계
들을 통해 교회와 기독교인들은 하나님의 관점에서 난민들을 이해할 필요
가 있다. 앞으로 교회는 난민들의 실상과 난민들이 처한 각각의 상황의 다름

---

1   이 글에서 "장소"라는 단어는 "땅"이라는 단어와 같은 의미로 사용된다. (역자 주)

에 대한 그리스도의 긍휼을 어떻게 보여줄 것인가?, 대부분의 난민들이 비교적 가난한 반면, 빈곤지역에 사는 이들과 난민들의 요구는 다르다. 왜냐하면 난민들은 그들의 집과 정체성을 잃었기 때문이다. 프린스턴대학의 신학자 다니엘 밀리오레(Daniel Migliore)는, "예수 그리스도에 대한 고백은 특별한 역사적, 문화적 상황에서 일어난다. 우리가 예수 그리스도가 누구인지 그리고 어떻게 그가 우리를 돕는지 질문할 때 그에 대한 우리의 반응은 이러한 질문들이 발생하는 특별한 상황에 의해서 형성된다"라고 설명하였다.[2] 이 글은 난민과 관련하여 성서적, 신학적, 선교적 기초와 이러한 논의에 대하여 현재의 선교로부터 몇 가지 의견들을 탐구하게 될 것이다. 논의 되어질 대부분의 주제들은 일반적 의미에서 모든 난민들을 포함하지만, 무슬림 난민들을 위한 선교사역은 구체적으로 나누게 될 것이다.

II. 성서적 & 신학적 기초

1. 하나님의 은혜와 긍휼

강제적 이동은 인류가 시작된 이후로 지속되어온 실제적 현상이다. 아담과 이브는 그들의 불순종으로 인해 하나님이 창조하신 그 땅으로부터 쫓겨났다. 가인은 질투와 살인으로 그의 집에서 내몰리고 심판 받았다. 수 세기 후, 남유다 왕국은 정복당하고 왕국의 지식인들은 추방당하였는데 그것은 그들이 우상숭배와 불의를 행했기 때문이다. 각각의 예에서 주목할 만한 사실은 하나님은 추방된 이들의 위기가 그들의 잘못으로 인한 것이라도 추방된 이들이 그들의 행위의 결과에 맞설 수 있는 능력을 부여하시는 데, 이는 하나님이 받을 자격 없는 이들에게 더 깊은 은혜를 베푸시는 그의 성품 때

---

2 Daniel Migliore, *Faith Seeking Understanding: An Introduction to Christian Theology* (Grand Rapid, MI: William B. Eerdmans Publishing Company, 2004).

문이다. 아담과 이브의 경우 하나님은 그들에게 옷을 입혀 그들이 부끄러움
으로부터 벗어나게 하셨다. 그들이 하나님의 면전에서 추방당하였지만, 하
나님은 결코 그들을 포기하지 않고 그들을 축복하셔서 자녀를 주셨고(창세기
4:1), 자녀들이 하나님을 경배할 수 있도록 하셨다(창세기 4:3-4). 하나님은
가인의 몸에 표를 찍어주셨는데, 이는 그가 배회할 때 죽음을 당하리라는 두
려움으로 인해 상하지 않고 보호받도록 하신 것이다. 하나님은 포로 된 이스
라엘을 결코 포기하지 않으시고, 때가 되면 그가 회복시키시겠다고 약속하
셨다(예레미야 29:10-14). 하나님은 포로생활 중에 그들이 은혜를 받을 수 있
도록 그들이 무엇을 행해야 되는지를 가르치셨다.

또 다른 시대를 보면, 야곱의 자손들은 하나님이 그들에게 약속하신 땅으
로부터 떠나 400년 동안 굴욕을 당하며 애굽의 노예로 지냈을 때에도, 그들
의 부르짖음을 들으셨고 그들을 해방할 자를 보내셨다. 사람들은 그들의 행
위로 난민이 되거나 타인의 잔인함으로 희생자가 되기 때문에, 하나님은 그
들을 위한 언약과 안전, 행복을 깊이 살피신다. 하나님은 결코 그의 창조물
을 포기하지 않으시며, 그의 의로운 뜻 안에서 창조물인 사람들을 향한 그의
책임을 이루신다.[3] 신학자 제임스 던(James D.G, Dunn)은 '의와 나라'의 상관
관계적인 측면을 강조하는데, 그 나라는 이스라엘 백성들이 스스로 실패했
음에도 불구하고, 이스라엘의 하나님으로서 이스라엘을 지지하고, 구원하시
며, 그들을 인도하시는 분으로 그의 언약의 책임을 그의 의안에서 온전히 이
루시는 곳을 말한다.[4] 지금까지, 이스라엘과 그의 관계 안에서 하나님은 의

3 제임스 던(James D.G. Dunn)은 설명하기를 그리스인들의 의로움에 대한 이해는 도덕적 완벽함
을 의미한 반면, 히브리사람들의 "의로움"은 관계의 개념에 관한 이해가 깊다. 여기서 관계의 개념
은 그 또는 그녀가 한 부분, 한 부분을 이루는 관계에 의해서 개개인에게 주어진 의무의 집합을 말
한다"라고 하였다. James D.G. Dunn, *The Theology of Paul the Apostle* (Grand Rapids, MI: William
B. Eerdmans Publishing Company, 1998), 341. ; 독일의 신학자 쉬랭크(G. Schrenk)는 언급하기를
'sedaqa' (의) 안에는 관계라는 단어를 포함하고 있다라고 하였다. 그는 기록하기를, "의와 구원 간
에 관계는 계약의 개념에 가장 깊은 근거를 두고 있다. 'sedaqa'(의) 는 계약의 충실함과 계약의 약속
을 이행하는 것을 의미한다. 그의 법적인 통치로서 하나님의 '의'는 다음과 같은 의미를 가진다. 그
의 백성들을 향한 신실한 계약 안에서 그는 그들의 오명을 벗기고 그들을 구원한다"라고 하였다.
Quoted in R. Laird Harris, Gleason L. Archer, Jr., Bruce K. Waltke, *Theological Workbook of the Old
Testament* (Chicago, IL: Moody Publishers, 1980), 755.

4 James D.G. Dunn, *The Theology of Paul the Apostle* (Grand Rapids, MI: William B. Eerdmans

로우셨다. 또한 하나님은 그의 나머지 창조물과의 관계에서도 의로우시며, 그들을 죄와 죽음에서 구원하시는 그의 의무를 온전히 이루실 것이다(로마서 1:16-17). 그의 은혜와 긍휼, 의로움을 통해서 설명되는 하나님의 성품은 하나님이 난민과 강제적 이주자들과 어떻게 관계하시는가를 알 수 있는 첫 번째 포인트이다.

2. (강제적) 이주자들과 연약한자를 향한 하나님의 살피심

하나님은 사회의 중심에 속하지 못하고 주변부에 있는 사람들을 돌보신다. 그 이유는 그들이 겪는 고통이 예언적인 행위이기 때문이다. 이러한 예언적 행위는 악으로 인해 비탄에 빠지고, 어둠에 속박되어 하나님나라로부터 영적으로 떨어져 나온 사람들에 대한 하나님의 물리적인 살피심을 설명하고 있다. 또한 고통당하는 이들을 돌보신다는 것은 연약하고, 가난하고 상처받고, 부서지고, 추방당하고, 거절당한 자들이 버림받지 않고 귀하게 여김 받으며, 그들이 속한 곳을 찾을 수 있는 곳이 하나님 나라의 진정한 모습임을 보여주기 때문에 예언적인 행위가 된다. 이것은 하나님 나라 속에서 각 사람의 가치와 소중함에 대하여 설명하고 있다. 왜냐하면 그가 그들을 창조했고, 그들은 자신들의 사회적 경제적 지위, 국적이나 인종에 상관없이 모두가 동일한 가치를 지녔기 때문이다.

하나님이 왜 가난한 자[5]를 돌보시는가에 대한 논의가 많은 반면, 사실 그가 그렇게 하셨음에도, 왜 하나님이 강제적 이주자들과 연약한 외국인들을 돌보시는가에 대한 논의는 거의 없다. 난민과 이주자들을 향한 하나님의 살피심은 인간이 특정한 장소에 속하도록 창조되어졌다는 사실을 말한다. 창조 안에서 하나님은 각각 특정한 장소에 인간이 살도록 놓아두셨다. 죄의 결

Publishing Company, 1998), 342.

5   Rupen Das, *Compassion and the Mission of God: Revealing the Invisible Kingdom* (Leicester: Global Library, 2015)

과들은 생명체가 그들의 집과 그들이 익숙했던 곳으로부터 떠나게 되어, 난민이 되는 것을 포함한다. 영국 성공회 신학자인 존 인지(John Inge)는 "장소는 인간 경험의 근본적인 범주"[6]라고 지적한다. 다시 말해서, 장소와 인간 간에 상호작용의 신학적인 측면이 이해될 필요가 있다는 것이다. 이와 관련하여, 철학자이며, 기독교 신비주의자인 시몬 웨일(Simone Weil)은 다음과 같이 설명한다.

> 정착한다는 것은 인간의 영혼의 가장 중요한 필요이다. 이를 정의한다는 것은 상당히 어렵다. 인간은 실제적으로 활발하게 자연스러운 공동체의 삶에 참여하는 선한 행위에 의해 뿌리를 내린다. 이 공동체는 분명하고 특별한 과거의 가치와 확실하고 특별한 미래에 대한 기대가 깃들어있는 삶을 보호하고 지켜주는 곳이다. 그가 자연스럽게 속해있는 환경 안에서 그의 모든 도덕적, 지적 영적 삶의 안녕이 추구될 필요가 있다.[7]

하나의 장소에 속한다는 것은 인간에게 정체성을 부여한다. 다소의 바울(Paul) 아리마대의 요셉(Joseph)이라 하면 그들의 고향뿐만 아니라 그들의 가족, 사회적 지위, 문화와 관련하여 그들이 누구였는지를 보여준다. 하나님의 아들조차 나사렛의 예수라고 표현하고 있다. 예수가 나사렛으로부터 왔음을 인정한 후에 나다니엘(Nathaniel)은 빌립(Philip)에게 다음과 같이 말하였다. "나사렛으로부터 무슨 선한 것이 나올 수 있겠는가?"(요한복음 1:46 ESV). 거주지 또는 장소라는 것은 그곳 거주자들의 도덕적 성향을 나타낸다. 리디머대학(Redeemer University) 철학과 교수인 크레이그 바톨로메오(Craig Bartholomew)는 실존적인 존재가 장소와 연관되어 있는 것을 "내재 된 장소(implacement)"라고 언급한다.[8] 그는 이와 관련하여 다음과 같이 설명했다.

---

6   John Inge, *A Christian Theology of Place* (Burlington, VT: Ashgate Publishing Company, 2003), 46.

7   Simone Weil, *The Need for Roots* (New York, NY: G.P. Putnam's Sons, 1952), 43.

8   Craig G. Bartholomew, *Where Mortals Dwell: A Christian View of Place for Today* (Grand Rapids, MI: Baker Academic, 2011), Kindle Location, 174.

"성경은 하나님이 인류를 위하여 어떻게 그들의 가정에, 그들의 장소에 내재하려 하시는가를 계시하는 책이다; 장소와 *내재된 곳*(*implacement*)은 선물이며, 그의 창조물 안에 하나님을 이미지화 할 수 있는 가능성을 제공한다."[9]

따라서 육체적인 소속감은 그들의 모든 사회적, 심리적, 문화적 측면과 더불어 영원한 왕국과 천상의 가족들에 속하여있다는 것이 무엇을 의미하는지에 대하여 이해하는 근거를 제공한다. 이것은 본래의 장소에 대한 소속감과 파괴되는 장소에 속하여 있음과 관련하여 어느 곳에 속하여 있음이 중요한가를 이해하는 것이다. 강제적 이동은 개개인의 정체성과 자아를 파괴하고, 인간성까지 파괴하는 원인이 된다. 이러한 강제적 이동을 인하여 사람들은 하나님이 인간을 살피심을 이해하기 시작한다. 구약학자인 월터 브루그만(Walter Brueggeman)은 "실존주의론은 장소에 대한 깨달음에 인간의 갈구함이 있다는 것을 이해하지 못한다"라고 설명하였다. 그는 또한 말하기를, "그것은 근원 없음에 관한 것이며, 현재의 위기들은 근원을 상실한 것이다. 근원을 떠나서는 아무의미가 없다"라고 하였다.[10]

브루그만은 설명하기를, 육신적인 장소가 성서이야기 안에서 특별한 의미를 가진다고 하였다. 그는 "땅은 단순히 흙이 라는 물질이 아니라, 물질적인 흙은 역사적 경험으로부터 시작해서 사회적 의미를 포함하는 것이다"라고 저술하였다.[11] 브루그만은 구약성서의 이야기를 땅이라는 렌즈를 통하여 연구하고 성경의 중심문제 중 하나를 집을 잃은 사람들(사회적 무질서: anomie[12])에 관한 것이라고 말했다.[13] 신약성서는 히브리서가 "외국인과 나그

---

9 Ibid., Kindle location, 698.

10 Walter Brueggemann, *The Land: Place as Gift, Promise, and Challenge in Biblical Faith, 2nd Edition* (Minneapolis, MN: Augsburg Fortress, 2002), 4

11 Ibid., 2.

12 *Dictionary.com*에서는 anomie(사회적 무질서)를 정의하기를, 오랫동안 살던 곳에서 이주함으로 사회적 규범과 가치가 깨지거나 사라짐으로 특정지을 수 있는 개인이나 사회의 상태를 일컫는다. *Merriam-Webster dictionary*에서는 anomie(사회적 무질서)를 정의하기를 사회적 불안정은 규범과 가치가 파괴되는 결과이다.; 게다가, 이러한 파괴는 개개인의 불안, 소외 불확실성을 가져오는데, 이러한 이유는 목적이나 신념의 부족으로부터 생성된다.

13 Brueggemann, *The Land,* 187.

네,"또는 "고향을 찾는 자"로 구약성서의 인물들을 언급하는 것에 대하여 확증한다.(히브리서 11:13-14 ESV). 하나님은 강제적 이주 문제와 집을 잃은 자의 문제에 대하여 응답하시는데, 그들을 천국에서 새로운 정체성과 새로운 집, 영원한 도시로 인도함을 받는다(히브리서 11:16). 히브리서 12장 1-2절은 성도들이 모든 것을 버리는 것을 견디고 하나님의 보좌 우편에 앉으신 예수 그리스도를 본받을 것을 권한다. 사도바울은 빌립보 교회에게 말하기를, "우리의 시민권은 하늘에 있는 것이다"(빌립보서 3:20)라고 하였다. 이것은 두 가지의 정체성을 설명한다. 특별한 장소에 속해있는 지상적 정체성과 천국의 집, 시민권이 한데 얽혀있는 것이다. 그러나 이 땅에서 고향을 잃었다 해도 여전히 난민들에게 천국에서 안전을 얻는 것이 허락되며, 만약 그들이 하나님이 주시는 은혜의 선물을 받아들이는 선택을 한다면 그들의 천국시민권을 계속해서 누릴 수 있는 것이다.

장소의 중요성에 대한 이해와 강제적 이주의 경험으로 인한 비인간화, 파괴에 대한 이해는 고대 이스라엘사회에서 하나님이 보여주신 외국인에 대한 긍휼과 관심을 이해하기 위한 신학적 틀을 제공한다.[14] 이스라엘은 유목민으로서 광야를 떠돌아다녔으나, 하나님이 인도하신 곳에 국가를 세우고 하나님이 그들에게 주신 율법을 통해 하나님과의 언약을 세움으로 인해 사회적으로 연약한 자를 돌보는 것의 중요성을 발견했다.[15] 출애굽에서 첫 번

---

14 나그네(게르:ger)로 알려진 구약성서의 외국인은 타 공동체의 가운데 영원히, 또는 영원하지 않게 있는 외국인의 본성을 뜻하나. 여기서 타 공동체는 그를 받아들이고 그가 분명한 권리를 누릴 수 있도록 하는 곳을 말한다. Roland de Vaux, *Ancient Israel: Its life and Institutions* (London: Darton, Longman & Todd, 1965), 74. ;아브라함과 모세는 나그네들(게림:gerim)이었다. 이스라엘이 땅에 정착하고 그들 자신을 땅의 백성이라고 여긴 후에 그들은 땅에 대한 합법적 소유권을 가지고 이전에 모든 거주자들은 나그네가 되었다. 이전 모든 거주자들이 결혼을 통해 이스라엘 사회에 흡수되지 못하였거나, 이스라엘의 노예가 되지 못했기 때문이다. 이러한 공동체들은 후에 이주자들에 더하여졌다. 그래서 나그네들은 노예가 아닌 자유로운 사람(남자들)이었다. 그들은 시민으로서의 충분한 권리와 정치적 권리를 가지지 않았다. 대부분의 땅에 관한 재산권은 이스라엘사람들의 것이었기 때문에 나그네들은 고용되어 일하였다. 따라서 그들은 가난하거나 과부, 고아 그리고 다른 가난한 사람들 즉 자비와 도움을 받을 수 있는 모세의 율법에 의해 보호받지 못하는 사람들안에 포함되었다.

15 이것은 노예를 포함하는데, 노예들은 가정의 일부분으로서 어떠한 권리조차 가지지 않았다. 그들을 어떻게 대우할 것인지, 어떻게 돌볼 것인지에 대한 설명은 존재하지 않았다. 가장 연약한 자들은 과부와 고아였으며, 이들은 확대된 가족의 의해 보호받았다. 만약 몇 가지 이유를 위하여 이러한 일이 발생하지 않았다면, 그 공동체는 반드시 그들을 돌볼 책임을 맡아야 했다.

째 주어진 율법에는 외국인들을 연약한 자들의 공동체로 정의하지 않지만, 그들을 어떻게 대할 것인지에 대한 근거가 출애굽기 23장 9절에 다음과 같이 기록되어 있다. "너는 이방 나그네를 압제하지 말라 너희가 애굽 땅에서 나그네 되었은즉 나그네의 사정을 아느니라." 애굽에서 유대인의 경험과 역사는 그들에게 가난과 배제에 관한 새로운 측면을 더 깊게 이해하도록 돕는다. 이는 결과적으로는 출애굽의 율법에 의해 정의되는 사회적 계약(하나님과의 언약)에 영향을 준다.[16] 그때에 유대인들은 추방이나 원하지 않는 이동으로 생겨나는 파괴에 대하여 이해했다. 두 번째 율법의 시대에, 신명기(신명기 12-26)의 율법에는 "고아와 과부"라는 단어를 고정적으로 함께 사용하여 이들을 가장 연약하고 가난자로 표현한다.[17] 현재는 이 땅에 이방인을 포함한다.

이것은 매우 의미 있는 일이다. 그 이유는 고대 이스라엘을 둘러싸고 있는 문화에는 많은 애굽의 지혜문서와 기도문 그리고 고대 근동의 왕족의 이데올로기, 일상적인 삶에서 가난한 자를 긍휼히 여김, 상거래, 법률 등이 풍부하게 제시되어 있지만, 국가나 공동체에 속하지 않는 외국인 나그네를 위한 돌봄에 관하여는 아무런 자료가 없다. 왕의 관심은 오직 그의 시민에게만 있었고 전혀 외국인에게는 없었다. 강제적 이동을 하는 자들을 향한 하나님의 긍휼에 대한 언급이 표현되어 있는 이스라엘의 율법은 연약한 외국인들을 향한 관심을 다른 나라의 법과는 달리 독특하게 대조적으로 표현하고 있다.

3. 예수와 약자(弱者)외국인

신약성서에서 예수님은 사회 안의 약자를 긍휼히 여기는 구약성서의 전

---

16 David J. Pleins, *The Social Visions of the Hebrew Bible: A Theological Introduction* (Louisville, KY: Westminster John Knox Press, 2001), 40-42.

17 rthur Glasser, Announcing *The Kingdom: The Story Of God's Mission In The Bible* (Grand Rapids, MI: Baker Academic, 2003), 87-88.

통을 따른다.[18] 최소한 그의 청중들의 75-80퍼센트는 그 땅에 거주하는 외국인들을 포함하여 가난한 자들이다.[19] 그러나 예수님을 만난 몇몇 외국인들만이 기록된 것이 사실이다. 우리는 예수님과 사마리아 여인의 대화 중에 예수께서 사마리아 여인을 존중하고, 긍휼히 여기며, 이해하고 있음을 본다. 이 여인이 유대인에 의해 소외되고, 경멸받는 공동체인 사마리아에 속하였는데도 말이다. 군대를 소유한 로마의 백부장이 자신의 종의 병을 고치기 위해 예수께 다가갔을 때(누가복음 17:1-10), 예수님은 군중 앞에 서있는 백부장의 권위와 믿음에 대한 이해로 인해 그를 칭찬하셨다. 그가 군중 앞에 서 있는 그 순간에 그의 종 또한 고침을 받았다. 예수께서 두로를 방문하는 동안 시리아-페니키아 여인은 그녀의 딸이 사탄의 영으로부터 구원받기를 예수께 간청하였다. 예수님은 그녀의 청을 무시하지 않으셨다. 그 여인이 유대인 공동체에 속하지 않았어도 그 여인의 딸을 치료하셨다. 이 모든 예를 살펴볼 때, 예수님은 외국인을 존중했으며, 긍휼함으로 그들의 필요를 채우시며, 외국인들과 가난하고 연약한 유대인들 간에 차별을 두지 않으셨다.

예수께서 마태복음 25:31-46에 그리스도의 심판의 보좌에 대하여 설명하실 때, 그는 구체적으로 이방인을 초대한 신실한 자를 언급하셨다(v. 35). 1세기에 팔레스타인에 이방인들은 비 유대인인 외국인이었다. 그들은 가난하였으며, 공동체에 속하지 않은 자들이었다. 예수님은 갈급하고 궁핍한 이방인들을 향한 그의 살피심을 강조하였다. 이러한 예수님의 살피심은 가난

---

18 예수 그리스도가 가난한 자에 대하여 말하였을 때 그는 탐욕스럽고 불의한 부자와 능력있는 엘리트 때문에 압제당하는 대부분의 사람들을 언급하고 있었다. 그가 가르치고 설교할 때 그의 청중은 만성적으로 가난에 찌든 자들과 극도로 가난하게 사는 이들이었다. 이들은 사회주변부에 사는 이들이었다. 사회의 몇몇 부자와 엘리트 계층에서 말씀을 들으려왔지만 그는 그들이 관계를 맺을 수 있었던 학대받는 이들(마가복음 12:40-44,마태복음 18:21-35)에 대하여 비유를 사용하여 가르쳤다. 그는 하나님이 공중의 새가 먹기에 충분한 먹이를 주시고, 들판에 꽃이 피도록 돌보신다 하였다. 왜냐하면 그들은 그들의 내일 먹을 음식에 대하여 걱정해야 하며, 겨울을 지낼 만큼 따뜻한 옷이나 여분의 옷 한 벌을 가지고 있지 않았기 때문이다(마태복음 6:25-34). 그는 그들이 그의 가르침을 들으러 왔을 때 그들을 먹였다. 왜냐하면 그들이 자신들이 먹어야할 음식을 충분히 가지고 오지 않았기 때문이다(마태복음 14:13-21). 그는 그들을 치료했다. 그들이 의사를 만나러 갈 금전적 여유가 없었기 때문이다.(마태복음 8:1-17, 9:1-8, 12:9-14 등등)

19 Philip A. Harland, "The Economy of First-Century Palestine: State of the Scholarly Discussion," in *Handbook of Early Christianity: Social Science Approaches,* eds. Anthony J. Blasi, Jean Duhaime and Philip-Andre Turcotte (Walnut Creek, CA: Alta Mira Press, 2002), 515.

한 유대인들과 고아, 과부들을 위한 것과 다르지 않았다.

사회적 약자들(가난한 자, 이주자들, 난민들, 장애인 등)을 향한 하나님의 뜻과 살피심은 아마도 예수께서 거지 나사로를 비유로 들었던 이야기 안에 분명하게 드러난다. 이 비유는 아마도 1세기 팔레스타인에 가난한 자(과부, 고아 그리고 외국인을 포함하여)와 부자에 관한 이야기일 것이다. 부자는 호화스럽게 장례식을 치르고 그의 이름과 추억을 명예롭게 남기며, 영원히 살 것처럼 무덤에 묻혔다. 이 사건에서, 당시 일반적인 사회문화적 기준과 달리 예수는 나사로를 명예스럽게 하셨다. 그는 가난하고 사회적 지위는 물론이거니와 아무것도 가지지 않은 거지였음에도 말이다. 나사로는 명예로운 이름을 가졌기 때문에 이 비유의 생생한 기억 가운데 역사에 그 이름을 남겼다. 예수께서는 부자를 이름 없는 자로 놔두시어, 마지막까지 부자는 이름을 남기지 못하였다. 그러나 예수께서 나사로에게 이름을 주었기 때문에 부끄러움 가운데 숨어야 하는 가난한 자 중에 한사람이 아닌 유일하게 특별한 개인으로서 인정받게 하셨다.

이 비유에서 예수께서 거지를 위하여 지목하여 선택한 이름은 나사로이다. 이 이름은 히브리어로 하나님이 도우신 자(*El'azar*)라는 의미를 가지고 있다. 예수님은 가난하고 상처받은 자를 향한 하나님의 마음에 대하여 보여주었다. 개들이 침으로 그의 아픈 곳을 핥기도 하였는데 이는 치료를 위한 것으로 나사로를 돌보는 것이었다. 하나님의 피조물로서 인간은 부자보다, 병들고 절망적으로 굶주린 거지를 향하여 더 많은 긍휼함을 가지고 있다. 이 부자는 그의 집을 출입할 때 매일 나사로가 그가 지나가는 곳에 있었던 것을 분명히 알고 있었다. 부자는 그가 가진 부유함을 인하여 책망받지않았다. 그러나 그는 가난한 자에게 관심을 보이지 않았기에 책망받았다. 마지막까지 그의 관심은 오직 그의 가족에게만 있었다. 그는 결코 자신의 사회적 관계의 일부분이 아닌 누구에게도 관심을 가지지 않았다. 부자는 그의 관심과 돌봄에서 외부인을 배제시켰다. 왜냐하면 외부인을 그의 관심과 돌봄을 받을 만한 가치 있는 존재로 여기지 않았기 때문이다. 튀니지아 출신의 아랍 역사, 사회학자로서 이븐 칼둔(Ibn Khaldun: Abu Zayd 'Abd al-Rahman Ibn Muhammad

Ibn Khaldun al-Hadhrami)은 부족들은 그들 공동체내의 사람들을 돌보지만, 좀처럼 그들의 공동체내에 속하지 않는 자들은 돌보지 않는다는 것을 목격하였다.[20] 예수님은 모든 외부인들을 배제시키고, 단지 그들 공동체내에 가족과 부족들에게만 관심을 가지는 당시의 사회문화적 통념에 도전하셨다. 이 비유에서 가장 주목할 만한 사실은 나사로가 부자와 자신을 비교하거나 결코 불평하지 않았다는 것이다. 당시 문화에서는 거지 나사로가 부자에 대하여 말하도록 허락되지 않았을 것이다. 어떻게 매우 부끄러울 정도의 가난한 자이며 사회적으로 따돌림 받는 자가 명예로운 공동체의 일원인 부자와 더불어 말할 수 있었겠는가! 하나님은 이러한 숨막힐 듯 답답한 문화적 장벽을 깨고, 자신의 목소리를 낼 수 없는 그를 위하여 말씀하시므로 그를 명예롭게 하셨다.

III. 선교로부터 배우기

1. 선교학적 근거

난민과 어떻게 관계를 맺고, 그들을 위해 어떻게 사역해야하는지에 대하여 이해하기 위한 선교적 패러다임은 크로아티아 출신 신학자로 현재는 예일대에 있는 미로슬라브 볼프(Miroslav Volf's)교수의 '배제와 포용'의 개념에서 발견된다. 그는 우리가 우리의 이웃에게 저지르는 죄악의 많은 부분은 배제하는 행위에 있다고 서술하였다.[21] 볼프는 '배제'라는 것은 그 또는 그녀가 타자로서 상호의존적인 방식에 속하여 살아가고 있음을 인식하지 못하는 것이라고 설명하였다. 여기서 타자란 자신보다 하등한 존재로서 자신과 같

---

20 Ernest Gellner, *Muslim Society* (Cambridge: Cambridge University Press, 1981), x.
21 Miroslav Volf, *Exclusion and Embrace: A Theological Exploration of Identity, Otherness, and Reconciliation* (Nashville, TN: Abingdon Press, 1996), 72.

아져야 하는 존재이거나 자신에게 지배당해야 하는 존재로 이해된다."[22] 따라서, 외국인, 난민, 이주자들은 공동체의 가치와 안전을 위협하는 자로 인식된다. 볼프는 서술하기를, 이러한 사회는 정결하지 못하고, 오히려 마음의 악함을 깨끗하게 하기를 바라기 보다는 "이 세상이 타자라고 여기는 자들을 깨끗하게 하기를 바란다. 악한 마음은 깨끗한 자들을 "더러운 자, 정결하지 못한 자"로 명하여 사람들을 몰아내고, 더러운 자들, 정결하지 못한 자들을 깨끗하게 하고자 돕는 것을 거부하는 것"[23]이라 하였다.

어떻게 난민들과 이주자들이 사회로부터 불합리한 처우를 당하며, 배제되는지에 관한 이해와 그들을 위한 사역의 근거는 하나님의 구속적 행위 안에서 발견된다. 볼프는 "적대적 인간에 대한 하나님의 신적인 연합 안으로의 받아들임은 어떻게 인간이 타자와 관계를 맺어야 하는지에 관한 모델이라고 설명하였다."[24] 그는 서술하기를, 배제로부터 포용으로 나아가기 위해서는 회개와 용서를 위한 공간이 주어져야 하며, 타자를 위한 공간을 자기 자신 안에 두어야 하며, 기억을 치유해야 하는 순간이 반드시 필요하다고 하였다.

이주자나 난민을 향한 이 세상의 폭력은 흔한 일이 되어버렸다. 왜냐하면 그들은 위협적이거나 문제를 일으키는 존재로 여겨지기 때문이다. 볼프는 말하기를, 중립은 선택이 아니라고 한다. 그 이유는 고통을 받는 자들 곁에 서 있는 것이 성경에서 예언자적이며 사도적인 전통이기 때문이다. "이러한 사람들은 고통으로 신음하는 소리를 들으며, 그들 곁에 서서 행동한다. 결국 그들은 그들의 것이 아닌 하나님의 정의를 구하고 그것을 지키기 위해 분투하려고 부르심 받은 자들이다."[25]라고 하였다. 무슬림 난민들과 관련한 볼프의 배제의 개념에 대하여 이해하기 위해서는, 이러한 개념이 아랍의 역사와 문화 속에 깊이 뿌리박혀 있다는 사실을 인지하는 것이 중요하다. 때로 선한

---

22 Ibid., 67
23 Ibid., 74.
24 Ibid., 100.
25 Ibid., 219.

이유로 말이다. 이븐 칼둔은 "오직 부족들은 공동체적 공감에 의해 함께할 때 사막에서 생존할 수 있다...."[26]라고 말하였다. 왜냐하면, 그 공동체는 반드시 개인의 생존과 행복을 보장한다. 그러나 이러한 의무는 사실상 목전에 있는 공동체, 가족, 집단 안에서만 이루어지는 한계를 보였고, 대부분 그러한 한계를 넘어서지 못했다.[27] 이븐 칼둔이 말한 것처럼 이러한 부족문화의 한계는 아싸비야(Assabiya)라는 개념에 근거한다. 그는 이것을 공동체의 연대성, 또는 공동체적 의식이라 표현한다. 아싸비야는 사회와 가족, 부족, 종교 그리고 국가를 하나로 묶어주는 개념이라 정의한다. 이것은 사람들에게 소속감과 공동체 안에 오래된 관습이 안정적으로 지켜지는 것을 보장한다. 이것은 모든 사회 변화의 원동력이 된다.[28] 아싸비야로 설명되는 공동체의 화합을 잃어버리는 것과 관련된 두려움은 결과적으로 공동체를 파괴하는 것이다. 동부 뉴멕시코 대학의 피다 무함마드(Fida Muhammad)교수는 "집합된 의식의 붕괴는 사회적 무질서(도덕의 철폐)를 만든다. 게다가 아싸비야의 상실은 도덕적, 경제적 개인주의화를 조성하고, 종국에는 문명의 파괴에 이를 것이다"라고 지적하였다.[29] 공동체의 화합에 집중하는 것은 공동체의 생존을 보장하지만, 동시에 외부인 또는 타 그룹을 배제하는 과정으로 표현되기도 한다. 이것은 무슬림 난민을 위한 사역의 근거를 제공한다. 무슬림들은 그들이 강제적으로 이동하고 있는 동안, 그들을 지지해주는 공동체 즉, 사회적, 종교적, 문화적, 민족적 정체성의 기반이 되는 그들의 공동체를 잃어버렸다. 난민으로서 그들의 주된 공동체에 소속되지 못한 외국인이 되었다. 브

26 Quoted in Gellner, *Muslim Society* (Cambridge: Cambridge University Press, 1981), x.

27 부루스 말리나(Bruce Malina)는 '집산주의적 사회'에 대하여 저술하였는데, 다음과 같이 설명하고 있다; "공동체의 구성원이 병에 걸려야만 하는가, 개개인의 치료의 목적은 공동체의 건강함에 있다. 공동체 안에서 주목할 것은 공동체 구성원간의 협력, 태어날 때 주어진 지위의 유지, 공동체 중심의 가치"이다. Bruce J. Malina, "Collectivism in Mediterranean Culture," *Understanding the Social World Of The New Testament*, edited by Richard E. DeMaris and Dietmar Neufeld (London: Routledge, 2010), 23.

28 Fida Mohammad,"Iccbn Khaldun's Theory of Social Change: A Comparison between Hegel, Marx and Durkheim," *The American Journal of Islamic Social Sciences* 15, no. 2 (Summer 1998): 36-37.

29 Ibid., 34.

루그만이 언급했듯이, 뿌리가 없다는 것은 하나의 위기이며, 사회적, 육체적, 문화적으로 뿌리가 없는 개인들은 삶의 의미를 찾을 수 없다.

2. 선교학적 교훈

선교학적으로, 시리아와 이라크와 관련된 현재의 난민위기와 교회의 반응은 무슬림선교 역사의 상황속에서 이해되어야 한다. 데이비드 게리슨은 그의 책 *Wind in the House of Islam*[30]에서 역사적으로 교회는 다양한 방법으로 무슬림 공동체를 향한 사역을 시도해왔다고 설명한다. 이러한 시도에는 결코 한 가지 방법만 있는 것으로 보이지 않고, 역사적, 사회적 상황에 따라 여러 가지 방법들이 시행되었다는 것을 엿볼 수 있다. 회심자의 숫자로 보았을 때, 의미 있는 가장 최초의 기록은 AD 972년이었으며, 그 이후 AD 975년이다. 이때 시리아와 팔레스타인의 많은 부족들이 기독교로 개종하였는데 이들은 무슬림통치자들의 경제적 요구를 피하기 위하여 개종하였다. 그 이후로 무슬림들에게 다가가려는 시도는 다음과 같은 것들이다.

- 강제 개종(십자군 당시)
- 설교, 단순한 생활양식, 기적들 (13세기 리비아, 아스콜리의 콘라드(Conrad of Ascoli))
- 이슬람문화와 언어연구 (13세기 레바논, 트리폴리의 윌리엄(William of Tripoli))
- 아랍어 교육, 무슬림들의 재산소유권을 존중하면서 재치 있게 설득하는 복음전도 (15세기 스페인, 그라나다(Granada))
- 현지언어로 번역된 성서 사용, 공격적인 변증법 사용, 개종자들을 위한 상황화된 공동체 형성 (1800년대 후반, 인도네시아)

---

30 David Garrison, *Wind in the House of Islam: How God Is Drawing Muslims Around The World To Faith In Jesus Christ* (Monument, CO: WIGTake Resources, 2014).

- 아랍어 사용, 현지 문화 포용 (1800년대 후반, 알제리, 아프리카 파견 선
  교사들)
- 무슬림 종교지도자들 집중전도(에디오피아, 1910년)
- 수천 명의 무슬림들이 정치적, 종교적 위기의 기간에 교회와 그리스도
  에게 돌아옴이 발견 (인도네시아, 1965년; 이란, 1979년 이슬람혁명이
  후; 알제리,1990년대; 방글라데시, 1971년 독립이후).[31]

하나님은 또한 무슬림들을 그리스도에게 인도하기 위하여 모든 기독교 매체들과 그리스도인과 무슬림 사이의 대화, 꿈, 환상들을 사용해오셨다. 무슬림들이 그리스도를 만나는 전략으로서 대단히 관심을 불러일으킨 것은 내부자운동이 확립된 것이다. 내부자운동안에는 복음이 그들의 가족, 씨족, 부족의 관계를 따라 흘러가는 희망적 상황이 여전히 존재한다.

다른 시기를 살펴보면, 특별히 1800년대 중반, 오트만제국 당시에 무슬림들이 개종하는 것이 법으로 금지되어 있었으며, 근동의 기독교 선교는 교육과 의료기관을 설립하는데 집중되어 있었다. 이러한 기관들의 설립은 현지의 상황을 개선하며, 무슬림들과 다른 지역거주자들의 삶의 질도 향상시키는 것이었다. 그러나 이러한 선교의 목적은 훨씬 더 깊은 의미를 지녔다. 보스톤에 위치한 미국해외선교위원회(The Prudential Committee of the ABCFM)[32]의 상임총무였던 루퍼스 앤더슨(Rufus Anderson)은 1800년대 중반에 셀 수 없이 많이 선교지를 방문 한 후, 근동의 역사적 교회들에 관하여 언급하기를, "그들은 직시할 필요가 있다.- 또한 무슬림으로서 직시할 필요가 있다.- 모든 자애로움을 겸비한 복음적 삶의 실제적 예시가 사회, 문화, 나라에 영향을 끼치는 것을 직시할 필요가 있다"[33]라고 하였다.

현재 시리아의 위기는 하나님이 그의 나라와 무슬림들에게 예수 그리스

---

31 Ibid.
32 American Board of Commissioners for Foreign Missions (ABCFM).
33 Quoted in Habib Badr, "American Protestant Missionary Beginnings in Beirut and Istanbul: Politics, Practice and Response," In *New Faiths in Ancient Lands,* by Heleen Murre-van den Berg (Leiden: E.J. Brill, 2006), 224.

도의 실제를 계시하고 있는 또 다른 방법으로도 일컬어진다. 이것의 근거는 풀러신학교의 더들리 우드베리(Dudley Woodberry)교수의 연구에서 발견할 수 있다. 그는 750명의 무슬림배경의 신자들을 인터뷰하였는데, 그들에게 무엇이 무슬림들이 예수님을 따르게 하였는지 물었다.[34] 이 연구의 결과 중 두 가지는 현재의 상황과 관련하여 매우 의미 있다. 첫 번째는 그들이 삶으로 표현되는 믿음에 이끌렸다는 것이다. 이것은 타인에게 표현되는 그리스도의 사랑, 사랑으로 이루어지는 그리스도인의 결혼, 그리스도인들이 지역문화, 종교적 가치에 민감하게 대처하려는 의지에서 발견된다. 두 번째는 그들은 하나님의 모든 인류를 향한 사랑 즉 적이라 할지라도 변함없이 사랑하는 모습에 이끌렸다고 한다. 우드베리교수는 서술하기를, "다음으로 중요한 것은 그리스도의 사랑이 헌신된 그리스도인들에게 전달되어 사랑의 공동체가 형성될 때, 많은 무슬림들은 그러한 공동체에 참여하기를 바라는 마음을 가지게 되었다는 사실이다"[35]라고 하였다.

예전에 이라크 난민들이 그랬던 것처럼, 시리아 난민들은 레바논과 요르단으로 흘러들어갔다. 많은 레바논과 요르단의 복음주의 교회와 시리아 내부의 교회들은 교회가 의도적이더라도 난민들에게 그들의 신앙과 상관없이 그리스도의 사랑과 긍휼하심을 보여주는 것은 중요하다고 여겼다. 지역과 이용 가능한 재정에 따라 그들은 음식과 의료, 교육, 아동활동, 겨울 긴급 보급품을 제공하였다. 대부분의 교회는 제공되는 지원에 어떠한 조건을 두지 않았으며, 난민들에게 도움을 받기 위해 특별한 활동에 참석하는 것을 요구하지 않았다. 이러한 사랑과 긍휼의 증거는 매우 특별한 영향력을 발휘하였다.

레반트지역에서의 이러한 성령의 역사는 아직까지 매우 새로운 것이기 때문에. 그 영향력을 평가하기에는 많이 이른 감이 있다. 그러나 몇 가지 관

---

34 Woodberry, J. Dudley, Russell G. Shubin, and G. Marks. "Why Muslims Follow Jesus: The Results Of A Recent Survey of Converts from Islam," *Christianity Today,* October 24, 2007. (Accessed April 13, 2015). http://www.christianitytoday.com/ct/2007/october/42.80.html

35 Ibid.

찰된 사실은 이번 회담을 위해 가치가 있을 것이다.[36]

- 지역교회와 신자 공동체는 이 전략에 있어 매우 중요하다. 외국인들은 인도주의적 도움, 원조가 가능하게 하고, 영적 사역을 이루었는데 이들의 활동은 사람들 눈에 띄지 않는 후방에서의 원조를 지지한다. 따라서 지역교회 활동의 중요성에는 많은 이유가 있다. 아랍공동체가 난민들이 접촉하는 첫 번째 공동체가 되는 것은 그들이 많은 문화적 장벽에 거리를 두지 않기 때문이다.[37] 그들은 외국인 공동체가 참여하는 것처럼 보이지 않으려고 한다. 두 번째, 더 중요한 것은 지역교회는 지역공동체에 뿌리를 두고 있으며(단지 구호물자를 배부하러 온 구호 단체라기보다는), 지역 공동체는 현실적이고, 실제적인 방법으로 그리스도의 사랑과 긍휼을 증거 하는데, 이는 그들이 난민들을 환영하고, 그들의 필요에 맞춰 사역함으로 가능한 것이다.

여기에는 몇 가지 의미를 둘 수 있다. 많은 목회자들과 교회의 성도들은 무슬림 난민들로부터 그들이 도움을 받았을 때, "하지만 당신은 우리가 무슬림인 줄 알잖아요."라고 말하는 것을 듣는다. 그들은 기독교인들이 그들의 공동체밖에 누군가를 돕는 다는 것에 놀라고 있다. 이븐 칼둔이 언급함으로 매우 깊게 뿌리박힌 사실은 사람은 오직 그들의 공동체 안에 사람을 돕는다는 것이다. 자신의 종교, 부족, 나라, 민족적 범위를 넘어서서 다가가고 필요를 채우는 것은 상당한 영향력을 발휘한다. 우드베리교수가 그의 연구에서 발견하였던 것처럼, 이것은 많은 무슬림들이 하나님의 사람들을 통하여 증거 되는 하나님의 사랑에 이끌리고 있다는 사실을 반영한다.

---

36 여기에는 레바논과 시리아의 지역교회들, 난민들과 직접적으로 연관된 대부분의 저술가들이 있다. 최근에 유럽에 있는 시리아 난민들과 연관된 저자들도 마찬가지이다. 게다가 사역지에 있는 현장 사역자들에 의한 관찰도 포함된다.

37 그러나 아랍 그리스도인문화와 무슬림문화 사이에는 상당한 차이가 있다는 것에 대하여 인정한다는 것은 매우중요하다.

- 지역교회는 사회적 또는 인도주의적 구호단체가 아니다. 교회는 그리스도의 몸으로서 그것이 했던 인도주의적 구조를 포함한 모든 것에 영적인 의미를 깊이 내재하고 있다. 그리스도의 실제는 공동체안과 밖에서 살아내는 것을 요구한다. 셀 수 없는 무슬림 난민들은 그리스도인의 제자 됨과 영성을 존중한다고 말한다.[38] 우드베리 교수는 그의 연구에서 무슬림들이 그리스도를 따르기로 결정하는 가장 중요한 이유 가운데 하나는 "기도의 응답과 치료 안에 있는 하나님의 능력"이라고 지적한다.[39] 많은 목회자들은 그들이 난민들을 위해 기도해 주겠다고 할 때, 그들이 듣는 난민들의 말, "당신은 하나님이 나의 필요를 알고 내가 기도할 때 나의 말을 듣는다고 말하는 것이요?'라는 것이다. 무슬림 난민들이 절박하게 구하는 것은 하나님과의 진실한 만남이다.

정교회 신부이며 선교학자인 에드워드 롬멘(Edward Rommen)은 전통적인 전도법과 증인됨의 중요한 차이점을 정의하였다. 그와 데이비드 헤셀그레이브(David Hesselgrave)는 상황화의 과정을 언급하면서, 다음과 같이 서술하였는데, "상황화란 성서의 교훈을 나타내고 있는 하나님의 신실한 계시 안에서 하나님의 뜻과 말씀, 사역, 그리스도에 관한 메시지를 전하는 소통의 방법으로서 그들 각각의 문화적, 현실적인 상황에 대하여 의미 있게 반응하는 가장 좋은 시도이다"[40]라고 하였다.

이 글이 발표되고 24년이 지난 후 롬멘은 1989년에 발표된 상황화의 정의는 그리스도에 관한 메시지를 전하는 소통의 방식에 관한 것이지,

---

38 아프카니스탄에서 저술가로서의 경험을 가지고, 인도주의적 기관의 무슬림국가적 직원으로서 그는 다음과 같이 논평했다; 무슬림들은 그리스도인들을 존경했는데, 그들이 존경한 그리스도인들은 그들의 신앙을 실행하며, 신앙을 따라 사는 자들이다. 이들은 세속화된 서양인처럼 신앙을 가지지 않은 자들도 아니며, 무슬림들에게 공격적인 활동을 하는 자들도 아니다. 저술가는 무슬림 사회 안에서 급진주의적인 요소들과 대부분의 평범한 무슬림들의 행동과 태도 사이에 차이점을 명백하게 구분한다.

39 Woodberry, "Why Muslims Follow Jesus."

40 David J. Hesselgrave and Edward Rommen, *Contextualization: Meanings, Methods, and Models* (Grand Rapids, MI: Baker Book House, 1989), 200. (Italics added).

그리스도에 관한 적절한 소개를 하는 것은 아니다"[41]라고 진술하였다. 무슬림 난민들을 이끄는 것은 그리스도에 관한 메시지를 듣고, 그리스도의 실제와 대면하는 것이다.[42] 따라서 지역교회는 교회의 긍휼 사역과 인도주의적 지원을 통하여 그리스도 안에서 살아계신 하나님과 난민들이 만나는 것을 가능하게 할 수 있다.[43]

• 마지막으로, 지역교회는 난민들에게 공동체를 제공할 수 있다. 이것은 무슬림 난민들은 집산주의적 사회에 속하며, 어려운 경우에 지원받기 위해 그들의 공동체에 의존할 수 있음을 말한다.[44] 난민들은 그들의 집을 잃었다는 것도 대단한 충격이지만 이 과정에서 사회적 지원뿐만 아니라 그들이 누구인지, 그들의 정체성을 잃었다는 것 또한 엄청난 충격이다. 만약 지역교회가 교회 안에서 사회적 계층을 넘어설 수 있다면, 그 공동체에 속하지 않은 모든 이들을 배제하는 태도에서 벗어날 수 있다면, 교회는 무슬림 난민들이 그들의 공동체를 찾고 그곳에 뿌리박는 장소가 될 수 있으며, 그리스도의 몸의 일부분으로서 그리스도 안에서 새로운 정체성을 새기는 장소가 될 수 있다. 교회는 포용력이 필요한 곳

41 Edward Rommen, *Come and See: An Eastern Orthodox Perspective on Contextualization* (Pasadena, CA: William Carey Library, 2013), XII.

42 롬멘은 이후 저술에서 다음과 같이 논평했다; "그러나 복음의 경우에, 부활이요, 생명이요, 영원히 존재하는 우리 주 예수 그리스도(갈. 2:20 베드로후서 1:4)와 초대된 자의 중재함이 없는 관계에서 분명하게 초점을 맞추는 것은 정보를 통한 비 간접적인 방식에 만족함이 없는 것을 증명할 것이다. 중재된 개인적 만남이 없이는, 화해할 수도 없고 정의롭게 할 수도 없고, 예수 안에서 새로운 삶을 살 수도 없다. 그것이 무엇이든, 상황화는 중재와 관련되어 있다. 이것은 하나님에 관한 지식뿐만 아니라 예수 그리스도, 주의 삶, 모든 현실, 용서, 구원과 개인이 좀 더 쉽게 만남을 가질 수 있도록 한다" Ibid., XII-XIII.

43 긍휼히 여김의 사역이 결코 강제개종으로 이어지지 않는 것은 매우 중요한 점이다. 개종은 인간의 내면적 역학과 사회적 종교적 공동체의 일반적 변화과정이다. 이것은 하나님이 인류를 그리스께 인도하신 것이다(요한복음 6:44). "나를 그들에게 인도하여 보내신 아버지가 아니면 나에게 아무도 올수 없고, 마지막 날에 내가 그들 가운데 일어나리라."그 때에 성령이 개인의 죄를 선포하리라 (요한복음 16:8; NASB), "그가 올 때에 그는 정의와 의로움과 죄와 관련하여 세계를 심판할 것이다." 이것은 마지막에 하나님이 성령으로 인친 자들을 말한다(에베소 1:13), "네가 너의 구원의 복음과 진리를 들었을 때, 네가 그리스도안에 머물 것이다. 네가 믿을 때에 성령의 약속한바와 같이 너는 그 안에 인쳐질 것이다."사람이 하나님을 믿던지 그리하지 않던지 새 생명을 받아들이든지 그렇지 않던 간에 하나님은 사람들을 그 자신에게 인도하서 사람들이 천국의 시민이 되게 하신다. 성서를 근거로 한 개종의 개념은 매우 깊고 심오하게 모든 개개인에게 영향을 주는 경험이며, 단순히 다른 종교적 공동체와 함께 하는 것으로 설명될 수 있는 것이 아니다.

44 See footnote 26 for Bruce Malina's description of collectivistic societies.

이다. 볼프가 앞서 언급했듯이, 신적 합일 안에서 적대적 인간에 대한 하나님의 포용과 환영은 그리스도인이 교회 공동체 속하지 않은 외부인과 어떻게 관계를 맺어야 하는지에 대한 모델이 된다. 이러한 포용을 통해서 난민들은 치료를 받고 다시한번 온전함을 찾을 수 있다.

Ⅳ. 결론

하나님은 왜 강제적인 이동을 하는 자와 난민들과 이주자들을 돌보시는가? 그들 중 대부분이 가난한 자와 같은 동시에 그들이 누구인지에 대한 정체성, 모든 종류의 사회적 지원과 함께 그들의 집을 잃었다. 그들이 경험한 인간성 파괴는 대단히 충격적인 일이다. 이것은 그가 창조한 인간을 위한 하나님의 뜻이 아니다. 그는 신실한 구원자이며 그에게로 돌아오는 자들을 회복시키시는 자이다. 교회의 의무는 사회적 종교적 영역을 넘어서서, 그들에게 다가가며, 교회 공동체에 속하지 않은 그들을 포용하는 것이다. 이러한 긍휼함과 포용의 행동은 난민들이 그들의 존엄성을 회복하기 시작하고 새로운 정체성을 형성하며, 육체적, 영적 측면에서 그들의 고향을 찾도록 도울 것이다.

● 참고문헌

Badr, Habib. "American Protestant Missionary Beginnings in Beirut and Istanbul: Politics, Practice and Response." In *New Faiths in Ancient Lands,* by Heleen Murre-van den Berg. Leiden: E.J. Brill, 2006.

Bartholomew, Craig G. *Where Mortals Dwell: A Christian View of Place for Today.* Grand Rapids, MI: Baker Academic, 2011.

Brueggemann, Walter. *The Land: Place as Gift, Promise, and Challenge in Biblical Faith, 2nd Edition.* Minneapolis, MN: Augsburg Fortress, 2002.

De Vaux, Roland. *Ancient Israel: Its life and Institutions.* London: Darton, Longman & Todd, 1965.

Das, Rupen. *Compassion and the Mission of God: Revealing the Invisible Kingdom.* Leicester: Langham Global Library, 2015.

Dunn, James D.G. *The Theology of Paul the Apostle.* Grand Rapids, MI: William B. Eerdmans Publishing Company, 1998.

Garrison, David. *Wind in the House of Islam: How God Is Drawing Muslims Around The World To Faith In Jesus Christ.* Monument, CO: WIGTake Resources, 2014.

Gellner, Ernest. *Muslim Society.* Cambridge: Cambridge University Press, 1981.

Glasser, Arthur. *Announcing The Kingdom: The Story Of God's Mission In The Bible.* Grand Rapids, MI: Baker Academic, 2003.

Harland, Philip A. "The Economy of First-Century Palestine: State of the Scholarly Discussion." in *Handbook of Early Christianity: Social Science Approaches,* eds. Anthony J. Blasi, Jean Duhaime and Philip-Andre Turcotte. Walnut Creek, CA: Alta Mira Press, 2002.

Harris, R. Laird, Gleason L. Archer, Jr., Bruce K. Waltke. *Theological Workbook of the Old Testament.* Chicago, IL: Moody Publishers, 1980.

Hesselgrave, David J. and Edward Rommen. *Contextualization: Meanings, Methods, and Models.* Grand Rapids, MI: Baker Book House, 1989.

Inge, John. *A Christian Theology of Place.* Burlington, VT: Ashgate Publishing Company, 2003.

Malina, Bruce J. "Collectivism in Mediterranean Culture." *Understanding the Social World of The New Testament,* edited by Richard E. DeMaris and Dietmar Neufeld. London: Routledge, 2010.

Migliore, Daniel. Faith Seeking *Understanding: An Introduction to Christian Theology.* Grand Rapid, MI: William B. Eerdmans Publishing Company, 2004.

Mohammad, Fida. "Ibn Khaldun's Theory of Social Change: A Comparison between Hegel, Marx and Durkheim." *The American Journal of Islamic Social Sciences* 15, no. 2 (Summer 1998): 36-37.

Pleins, David J. *The Social Visions of the Hebrew Bible: A Theological Introduction.* Louisville, KY: Westminster John Knox Press, 2001.

Rommen,Edward. *Come and See: An Eastern Orthodox Perspective on Contextualization.* Pasadena, CA: William Carey Library, 2013.

Volf, Miroslav. *Exclusion and Embrace: A Theological Exploration of Identity, Otherness, and Reconciliation.* Nashville, TN: Abingdon Press, 1996.

Weil, Simone. *The Need for Roots.* New York, NY: G.P. Putnam's Sons, 1952.

Woodberry, J. Dudley, Russell G. Shubin, and G. Marks. "Why Muslims Follow Jesus: The Results of a Recent Survey of Converts from Islam." *Christianity Today,* October 24, 2007. Accessed April 13, 2015. http://www.christianitytoday.com/ct/2007/october/42.80.html.

전 세계 난민 상황과 정책

한충희*

* 주 유엔 차석대사

● ABSTRACT

Chonghee Han

The issue of refugees and migration has been raised and addressed for a long period of time in the modern history. However, the recent development of violence and conflict such as civil and cross-border wars in Middle East or Africa as well as newly emerging crisis in environmental areas like climate change demonstrates its distinctive nature of severity and seriousness, which involves massive numbers and unfolds in a different way compared to the past. Furthermore, the new phenomenon where the people should leave their houses or dwelling against their will is becoming prevalent in many different parts of the world as we call it 'forced displacement'. With this new concept of forcibly displaced people, whether it is done internally or internationally, we count approximately 60 million people all around world affected in refugees, migrants or internally displaced persons.

In recent years, in particular, a large number of Syrian refugees or migrants who have moved to Europe drew special global attention as this movement raises to a considerable degree a lot of issues and challenges in the area of political, socio-economic, demographic and cultural. This article covers the current refugees and migration situation in internal, international and global context and addresses the related policy or recommendation for the state and international response such as from the European Union or the United Nations as we believe that migration issue will become much more complex and important than before.

As we see the new concept, 'forced displacement'in dealing with refugees and migration, we can categorize it in several different classifications like refugees, asylum seekers or migrants if people move beyond their territory. If people should move internally against their will, we call it Internally Displaced Persons (IDP). IDP, despite of its severity and involving considerable large numbers, was usually regraded as a domestic affair and therefore did not get the proper and necessary attention and support from the international society.

The root causes of large-scale refugees or forced displacement include, among others, political instability, human rights abuses, violent extremism, lack of employment opportunities, poor governance, and climate change. To address and resolve this issue in a reasonable and predictable way, we have to focus as much as possible on the 'durable solution' like resettlement, voluntary repatriation to their home country, resolving statelessness, and reintegration to the local community. As Pope Francis also emphasized, the human dignity of all refugees should be protected as they are the same human being like us and should be treated with the principles of the Charter of the United Nations, which underline universal values like human dignity and human rights.

A massive influx of refugees, migrants or forced displaced persons became already a 'new normal'. Therefore, the ultimate solution of this issue should be starting from the recognition of the international community that this issue is a common problem of the humanity and should be resolved jointly and collectively. Burden- and responsibility-sharing among the states should be prioritized and international solidarity should also come in tandem with burden sharing. As this refugee/migration issue encompasses all important global agenda or all three pillars of the United Nations like peace and security, sustainable development goals (SDGs) and humanitarian and human rights aspect, the United Nations and international community should tackle this challenge with a global movement so that we can protect and restore human dignity of every human being as we are working together to achieve so-called "leave no one behind"in the 2030 Agenda for Sustainable Development.

• Key words: refugee, migrants, migration, asylum seekers, forced displacement, Internally Displaced Persons (IDP), Syrian refugees, resettlement, statelessness, humanitarian summit

• 주요 주제어 : 난민, 이민자, 이민, 망명희망자, 강제적 이주, 국내이주자, 시리아 난민, 재정착, 무국적자, 인도정상회의

I. 서론

난민과 이주민의 개념은 이미 오래전부터 있어 왔으나, 최근 중동 아프리카에서의 전쟁과 분쟁 그리고 극심한 내전에 따른 난민 발생과 기후변화와 같은 환경적인 요인에 의한 난민 발생은 그 규모와 성격이 과거와는 확연히 다른 성격과 심각성을 보여주고 있다. 자신의 의사에 반하여 강제적으로 자신의 삶의 터전을 떠나야 하는 '강제적 이산(forced displacement)'의 개념이 난민 문제를 새로운 글로벌 이슈로 만들고 있으며, 이러한 개념하의 난민은 전 세계적으로 약 6천만 명이 된다고 한다. 특히, 최근 시리아 난민을 중심으로 한 유럽으로의 다수의 난민·이주민 이동은 안보, 정치, 사회경제, 인구동태 및 문화적으로 많은 도전과 문제점을 보이고 있다. 이러한 배경을 가지고 이 논문에서는 난민에 관한 최근의 상황을 분석하고 각국의 정책 및 향후 과제들을 다루고자 한다.

II. '난민'의 다양한 의미와 개념의 진화 추세

1. '일반적 의미'의 난민

일반적 의미의 난민은 '전쟁, 기아, 재해 등으로 곤경에 빠진 이재민 또는 곤경을 피하여 원래의 거주지를 떠나 대피하는 피난민으로서 거처와 식량 등 구호를 받아야 할 사람들'로 인식된다.

2. '법률상 의미'의 난민

법률상 난민은 '출신 국가로 돌아가면 박해를 받을 가능성이 있어 다른 나라의 보호를 필요로 하는 사람'을 말한다. 1951년 유엔 난민협약(Convention Relating to the Status of Refugees)과 우리나라 난민법은 난민을 국적국 또는 거주국 이외의 국가에서 '인종, 종교, 국적, 특정사회집단의 구성원 신분 또는 정치적 의견을 이유로 국적국 또는 거주국으로 돌아갈 경우 박해를 받을 수 있다고 인정할 충분한 근거가 있는 공포로 인해, 국적국 또는 거주국의 보호를 받을 수 없거나, 보호 받기를 원하지 않는 자'로 정의한다.[1]

'법률상 난민'은 이러한 사유로 박해를 피해 본인의 국적 국가를 등지고 다른 나라에 보호를 요청한 사람으로 일상용어 중에서 '망명자'가 가장 근접한 의미를 가지고 있다고 하겠다. 자신이 태어났거나 속해 있는 국가에서 박해를 피해 안전한 국가에 망명을 희망하는 경우에는 이 사람들을 '망명희망자'(asylum seekers)라고 부른다. 내전, 기근, 자연재해 등에 의한 피난민은 위 5개 사유에 해당하지 않고 국적국의 박해가 존재하지 않으므로 위 난민협약과 우리 난민법상 난민인정 사유가 될 수 없다.

3. 이주민, '강제적 이산', 국내 난민/실향민 및 인도적 체류허가

난민 인정사유 이외의 사유로 자발적으로 국적국을 떠난 사람은 '이주민 (migrant)'이라 부르며, 보다 나은 경제여건 및 생활여건을 추구하여 다른 나라에 정착하고자 하는 사람은 '경제적 이주민'이라고 부른다. 자신의 의사에 반하여 강제적으로 자신의 집과 삶의 터전을 떠난 상황을 개념적으로 '강제적 이산'(forced displacement)이라 부른다. 특히, 이들 중에서 외국이 아닌 자국 내의 다른 지역으로 피난한 경우를 국내 난민 또는 실향민(IDS: Internally Displaced Persons)이라 부른다.

대부분의 국가들은 법률상 난민인정 사유를 엄격히 적용하기 때문에 난민제도에 의해 보호받을 수 없는 사람이라도 인도적 견지에서 보호할 필요가 있는 경우에는 우리나라를 포함 국내법으로 '인도적 체류허가(humanitar-

---

1 난민에 관하여는 1951년 유엔 난민의 지위에 관한 협약, 1967년 난민의 지위에 관한 의정서, 유엔난민기구(UNHCR)규정, 세계인권선언, 카타헤나 선언, 아프리카에서의 난민 문제의 세부사항에 관한 권리협약 등 세계적, 지역적으로 많은 국제협약, 규범 등이 있고, 그 목적에 따라 세부사항에 대한 편차는 있으나 1951년 난민협약이 가장 기본적인 규범으로 인식되고 있다.

ian status)'라는 제도를 보완적으로 이용하고 있다. 우리나라 난민법(제2조 제 3호)에도 난민에는 해당하지 않으나 고문 등의 비인도적 처우나 처벌 또는 그 밖의 상황으로 인하여 자신의 국적국으로 돌려보낼 경우 생명이나 신체 의 자유 등이 현저히 침해당할 수 있다고 인정할 만한 경우에는 인도적인 국 내체류 허가를 하고 있다. '그 밖의 상황'으로 대표적으로 인정되는 사례로 '내전'을 들 수 있는데, 우리나라에 보호를 요청하는 시리아 국민 대부분이 내전을 사유로 난민 인정을 요구하고 있지만 법적으로 난민 지위 부여는 어 렵고 대신 인도적 체류허가의 대상이 되고 있다.[2] 난민협약에 명시되어 있 는 강제송환금지 원칙(principle of non-refoulement)도 보편적으로 인정되어야 하는 중요한 국제법적 원칙이라고 하겠다.

III. 전 세계의 난민 상황

1. 최근의 난민 발생 현황 및 이동 경로

현재 전 세계적으로 분쟁과 박해로 인해 약 6천만 명의 난민이 발생하였 는데, 이는 2차 세계대전 이후 최대치로 알려지고 있다. 2010년부터 2014년 사이에 일평균 난민 발생 수가 11,000명에서 42,500명으로 거의 4배가량 증가하는 등 난민 규모가 양적으로 거대해지고 있다. 심각한 난민 문제를 겪 고 있는 나라는 시리아를 비롯하여, 이라크, 예멘, 리비아, 아프간, 남 수단, 중앙아프리카공화국, 나이지리아, 부룬디, 소말리아, 우크라이나, 안다만 해 상난민, 중미지역 등으로 알려지고 있다.

수십만의 난민들이 목적 국으로의 이동을 위해 난민 브로커들에게 의지 할 수밖에 없는 상황이며 2015년에만 75만여 명의 난민들이 유럽지역 해안

---

2   시리아 내전으로 인한 시리아 난민신청자 수가 2012년 이후 급증하게 되었고 우리나라는 동 신청자 들이 협약 상 난민이 아니어도 인도적 체류허가를 부여하고 있으며, 2015년 말 기준 대략 총 640여 명에게 인도적 체류허가가 부여된 것으로 알려지고 있다.

을 통해 피난해 왔으며 3,400명이 사고고 익사하였고, 그리스의 경우 하루에 6천-8천여 명이 유입되고 있다. 2015년 지중해를 통해 유럽으로 약 1백만 명의 난민·이주민이 유입되었으며 이중 85만 명이 터키-그리스 경로를 통해 유입되었는데 이는 90년대 발칸 전쟁 시기보다 그 규모가 크며, 2차 대전 이후 최대 규모로 알려져 있다. 2016년에도 이러한 추세가 지속되고 있는데, 2016년 1월 20일까지 총 36,700명, 1일 1,800명 규모로 난민·이주자들의 유입이 지속되고 있다. 이중 다수의 사망자가 발생하고 있는데 2016년에만 173명이 이동 중 사망한 것으로 파악되고 있다.[3]

상당수의 난민·이주민은 분쟁국가에서 비롯되는데, 전 세계 난민 발생 최 상위 십개 국가 출신이 91%를 차지하고 있다(시리아 출신 56%, 아프간 24%, 이라크 10%, 파키스탄 3%, 소말리아 1% 등). 난민 송출국은 개발 및 사회 안전망 시스템이 미비 되어 있기 때문에 이에 대한 제공이 이루어져야 한다. 난민의 80%를 수용하고 있는 것은 개발도상국들이다.

이와 관련하여, 터키가 2016년 1월 8일부터 해상·항공편으로 입국하는 시리아인 들에게 입국비자를 요구함에 따라 (육상 이동은 무비자 입국을 계속 허용함), 시리아인들의 이동 추세가 영향을 받을 수 있을 것으로 보인다. 난민·이주민 중 상당수는 임산부, 아이 동반 여성, 노인, 장애인, 부모 미동반 아동 등 취약계층이며 현재까지 유럽행 난민·이주민 중 28%가 아동이며 17%가 여성이고 가족 단위 이동이 증가함에 따라 여성 및 아동의 비중이 계속 늘어나고 있다고 한다.

한편, 전 세계 난민의 최대 송출국은 지난 40여 년간의 정치적 불안정으로 전 세계 난민의 1/4을 차지하고 있는 아프간이지만 최근 국제사회의 주목을 받지 못하고 있으며, 아프간 난민들은 대부분 파키스탄과 이란에 산재해 있다. 그러나 지속되는 불안정과 테러 위협으로 인해 이들이 자발적으로

---

3   윌리엄 스윙(William Swing) ; 국제이주기구(IOM) 사무총장은 최근 유럽행 난민·이주민 이동은 분명 비정상적인 규모지만, 유럽과 여타 저개발 지역 간 인구격차(demographic deficit)와 기후변화로 인한 저개발국의 지속적인 생활여건 악화 등으로 인구이동은 피할 수 없는 추세로 '새로운 정상'(new normal)으로 보아야 할지 모르겠다고 언급하였다.

귀국한다는 것은 점점 어려워지고 있는 것이 현실이다.

2. 유럽행 난민 · 이민자들의 상세 현황 및 도전요소

2015년 유럽으로 들어온 해상 이주민은 적게는 75만에서 많게는 82만 명에 육박하며, 이러한 유럽으로의 이동과 유입은 당분간 지속될 것으로 예상된다. 이 이주민 규모는 전년도 대비 대략 3배 이상 증가하였고 그중에서 시리아가 51%를 차지하여 가장 많고 아프간, 에리트리아, 나이지리아 출신 이주민들이 대다수를 차지하고 있다. 유럽 국가들은 2017년까지 대략 총 3백만 명이 유럽을 향할 것으로 예측하고 있으나, 이러한 숫자가 대외적으로 공표될 경우, 밀매업자들이 이를 영업목표수치로 악용하여 실제 이주민 숫자가 예측을 넘어설 수 있어 조심스러운 입장으로 알려지고 있다. 최근 유럽행 난민 중 아동, 장애인, 여성 등 취약그룹의 비중이 상대적으로 늘어나고 있고, 부모 미동반 아동의 숫자도 증가하고 있다. 국제이주기구(IOM)는 원천국, 경유국, 접수국에서 이주민 유입 추세, 이동 경로를 추적하여 정확한 정보를 확보하는 것이 중요하며 이를 위해 그리스의 접수 역량을 더 강화시킬 필요가 있다고 분석하고 있다.

2015년 9월 초에 있었던 세 살배기 난민인 아일란 쿠르디가 터키 서부 해안도시에서 숨진 채 발견된 사진이 보도되면서 특히 난민 이슈가 전 세계 언론에 집중 부각되었다. 이에 따라 호주는 시리아 및 이라크 난민 1만 2천명을 추가 수용하겠다고 발표하였고, 미국도 2016년에 시리아 난민 최소 1만 명을 수용하겠다고 발표하였다.

지중해 동부지역으로 유입되는 유럽행 난민들은 주로 시리아, 이라크, 아프간 등에서 탈출한 난민들이 다수로서, 이러한 다수의 유럽행 이동 성향은 단기간 내 역내 분쟁이 해결될 가능성이 크지 않은 점, 계속된 피난생활로 개인 자금이 소진되고 있다는 점 그리고 인도적 지원이 감소하고 있다는 점 등에 따라 계속 확대되어 갈 것으로 보인다. 유럽 차원에서는 난민 · 이민자 등록, 심사, 재배치, 귀환 등 국경관리 노력이 진행되고 있으나, 매우 더디고 부분적으로만 이행되고 있으며, 일부 국가의 경우, 장벽을 높이고 국경통제를 강화하였으며, 발칸지역 일부 국가들은 시리아, 아프간 및 이라크 출신을 제외한 난민 · 이주민의 접수를 거부하여 혼란에 빠진 난민 · 이주민들이 오도 가도 못하게 되거나, 밀매업자에게 의존하는 상황이 초래되고 있다.

대부분의 난민 · 이주민들은 터키에서 슬로베니아에 이르는 국가들에 정착할 의사가 없어 이동경로가 길어지면서 취약계층, 특히 부모 미동반 아동에 대한 보호가 심각하게 제기되며 이러한 이동 경로에 있는 지역공동체들이 식수, 보건, 주거 등 급중한 수요에 대응하지 못하면서 이들 지역 공동체들에게도 피해가 가중되고 있는 상황이다. UNHCR은 난민에 대하여 긴급대응(emergency response), 보호(protection), 무국적 지위(statelessness) 해결을 가장 중요한 우선순위로 생각하고 추진하고 있다.

3. 난민 문제의 어려움과 도전요소

1) 난민 문제의 어려움

난민 문제의 어려움은 첫째, 난민사태를 다루기 위한 기본적이며, 체계적인 구조가 부재하며, 둘째, 난민 수용 시설이 한계치에 도달하고 있으며, 셋째, 보호조치가 부재하며, 넷째, 난민강제 송환과 비호권 간의 문제가 제기되며, 다섯째, 외국인 혐오 증대 문제가 발생하는 등 다양한 문제가 복합적으로 제기된다는 점이다. 특히 최근의 반이주민 및 외국인 혐오 정서는 수용국의 국내정치와 맞물려 선거와 관련된 정치적인 이슈일 뿐만 아니라 사회경제적인 이슈로 부상하고 있다.

지속되는 분쟁이 해결되지 않고, 새로운 분쟁이 미연에 방지되지 않는 한 난민사태는 지속될 것으로 보인다. 게다가 시리아 사태 해결이 더디게 진전되고 있고, 이라크, 아프가니스탄 테러와 폭력 사태로 대부분의 이주 문제가 발생하고 있다는 것도 난민사태가 지속되는 이유 중 하나이다. 난민 발생의 또 다른 주요 원인은 인권 유린, 부실하고 불안한 정치(bad governance), 기회

박탈, 공공서비스의 실패, 지속되는 빈곤 등이며 이러한 문제들은 지속가능 개발의제'에도 포함되어 있는 주요한 부분이며 이슈이다. 난민과 관련된 인도적 위기 상황에 효과적으로 대응하기 위해서는 개발 분야와 인도지원 간의 연계성을 강화하고, 역내 분쟁을 방지하기 위한 공동의 노력, 난민 수용국을 국제사회가 지속적으로 지원할 수 있도록 메커니즘을 만들어야 하며 이를 통해 지속력 있고 공고한 해결방안(durable solution)이 필요하다는 점이 공통된 인식이다. 자원 관련 분쟁, 사회제도의 미비, 인권 침해 행위, 불평등한 개발, 기후변화 등에서도 근본원인(root causes)을 찾아낼 수 있을 것이며, 1951년 난민협약 및 1967년 난민정서의 기본정신과 문안에 따른 의무도 존중되어야 할 것이다.

전 세계적으로 인도적 상황 자체는 예년과 다르지 않으나 난민들이 갑자기 유럽에 밀려들고 유럽 국가들이 이에 대해 제대로 대응하지 못하는 것이 최근 유럽 내의 혼란의 원인이 되고 있다. 시리아 위기의 해결 기미가 보이지 않고 있는 가운데 아프간, 아프리카, 이라크, 예멘, 리비아 등에서 혼란이 가중되고 있고, 지역별 테러조직 간 연계 등으로 위기가 상호 연계되어 있으나, 국제사회의 분쟁 예방 및 해결 기능이 실종되어 어느 누구도 책임을 지지 않으려고 하는 것이 가장 큰 문제로 지적되고 있다. 난민 문제 해결을 위해서는, 부담과 책임 공유(burden and responsibility sharing)를 위한 새로운 연대정신(solidarity)이 필요하다고 본다. 강제적 이동(forced displacement)이 인도적 문제와 개발 문제 모두에 함의(implications)를 갖는다는 것이 국제사회와 유엔에서의 논의의 흐름이다. 따라서, 유럽과 아프리카가 협력하여 난민 송출국의 상황을 개선하고 난민들이 본국으로 복귀하여 미래를 설계할 수 있도록 해야 한다.

2) 난민 문제에서 제기되는 주요 이슈들

난민 문제의 근본적 해결책은 시리아 분쟁의 해결이며 가능한 조속한 해결이 이루어져야 한다. 시리아 난민들은 본국으로 귀환을 희망하지만 유럽

내 거주기간이 길어질수록, 생계, 자녀 교육문제 등으로 인해 본국 귀환이 더욱 어려워질 것이다. 실제로 자발적 귀환의 규모가 계속 감소하고 있는 추세이다.

(1) 교육 문제

현재 전 세계적으로 학교를 다니지 못하는 아동의 상당수가 분쟁지역에 거주한다는 사실이 밝혀지고 있고 지난 2015년 4월 한국의 인천에서 개최된 세계교육포럼에서 채택된 인천선언에는 국내피난민을 포함하여 아동, 청소년을 위한 포용적이고 복원력 있는 교육시스템을 개발하기로 공약한 바 있다.

(2) 민간과의 협력 문제

난민의 접수 및 정착 과정에서 민간의 협력이 긴요하다고 보는데, UNHCR의 유럽 난민 지원요청의 45%가 민간부분의 기여이며 이는 역대 최고비중이다. 난민의 경유지 및 유입처 등에서 많은 NGO들이 활동하면서 재정지원을 요청하고 있으나, 전통적 공여국들이 NGO에 대한 지원을 동결하거나, 유럽 내 난민수용역량 확대를 위한 자금으로 전용(divert)하고 있어 재원 확보에 어려움을 겪고 있다. 원천국 및 경유 국에서는 난민 위기의 근본해결책은 자국에서의 기본적인 위기 제거나 처우개선이라고 강조하면서, 국제사회가 이러한 분쟁지역에 대한 인도적 지원보다 중고소득국인 유럽 국가들을 지원하는데 치중하는 것은 근본적인 문제 해결 측면에서 바람직하지 않다.

(3) 부모 미 동반 아동 난민 문제 및 가족 결합 문제

유럽에 도착한 난민들 중 수천 명의 보호자 및 부모 '미 동반'난민 아동(un-accompanied refugee children)이 특히 보호의 대상이 되고 있다. 이들의 참혹한 상태와 폭력과 인신매매 등 높은 위험에 노출되어 있는 상황을 감안할 때, 일반 난민 수용 계획 인원과는 별도로 추가적으로 수용해야 한다는 여론이 높다. '미 동반'아동 난민들의 등록률을 높이기 위해 노력하고 있으나, 대부분의 아동들이 송환을 우려하여 등록을 거부하고 있어 실제적으로 등록시스템이 잘 작동하지 않고 있다. 현재 '미 동반'아동의 90%는 시리아가 아닌 아프간 출신이며, 원천국인 아프간, 경유국인 이란, 파키스탄, 터키 등에서 '미 동반'아동에 대한 정보 제공을 위해 노력하고 있다. 2014년의 경우, 이주민의 1/10 이 '미 동반' 아동이었으나, 최근에는 최대 1/3이 '미 동반'아동인 경우도 있는 등 '미 동반'아동 숫자가 증가하고 있다. 따라서 아동에 대한 강제노동, 성폭력, 착취 방지를 위한 시스템 마련이 시급히 필요한 상황이다. 이와 관련하여, 부모들이 자신들의 유럽행을 용이하게 하기 위해 아동들을 선발대로 먼저 보내는 경우도 많이 있다고 한다.

(4) 접수국에서의 인종 차별 및 혐오 현상

접수국에서의 인종차별 및 혐오현상이 최근 독일에서의 난민들에 의한 사건 발생으로 더욱 부각되고 있다.

IV. 유엔과 국제사회의 대응 노력

1. 유엔의 대응 노력

1) 유엔에서의 난민 문제 논의 동향

2015년 제 70차 유엔총회 계기에 반기문 유엔사무총장 주재로 개최된 이주와 난민 이동 관련 고위급 행사(9.30)에서 대부분의 참석자들은 현재의 이주와 난민 문제가 국제사회 공동의 문제로서 국제사회의 연대와 협력을 필요로 한다는 점에 공감하였다. 더 나아가, 밀입국·인신매매 범죄에 대한 대처 등 인권 존중 원칙에 기반 한 이주자와 난민신청자의 보호, 국제사회의 책임 분담, 정규적인 이주 통로 확보, 분쟁·폭력·인권침해·빈곤·불평

등 근본원인(root causes)에 대한 대처 노력이 필요하다는 점을 강조하였다. 헝가리 등 일부 국가들은 이주민 및 난민들을 수용하기 보다는 본국으로 귀환할 수 있도록 돕는 것이 보다 바람직한 방법이라는 입장을 제시하였다.

유엔은 2015년에 시리아에 대한 인도적 지원으로 총 84억불을 요청하였는데 2015년 9월 현재 국제사회의 기여 규모는 약 36억불에 달하고 있다.[4] 2016년 2월 4일 제 4차 시리아 공여국 회의에서는 60여개 국가가 참석하여 2016년에 58억불 및 2017-2020년간 54억불 등 총 110억불 이상이 서약되었다. 이 회의에서 쿠웨이트는 향후 3년간 3억불 기여를 서약하였고, 터키는 세계 최대의 시리아 난민 수용국(250만 명 수용)으로 국제사회로부터 시리아 난민지원 등 명목으로 16억불을 지원받기로 하였으며 지금도 터키로의 유입을 희망하는 난민들이 터키 국경에만 10만 명 이상 있다고 한다. 터키는 가급적 모든 시리아 난민에게 보건서비스와 교육 서비스를 제공하려고 하고 있고 또한 시리아 난민이 노동시장에 접근할 수 있도록 법안을 통과시켜 앞으로 100만 명 이상이 추가적으로 직업을 구할 수 있도록 추진하고 있다.

요르단은 전체 시리아 난민의 20%를 수용하고 있으며, 난민 유입이라는 위기를 새로운 경제적 기회로 발전시키기 위해 노력하고 있으며 요르단 내에서만 수십만 개의 일자리를 창출할 수 있을 것이라고 한다. 그러나 요르단은 자신들이 감당할 수 있는 난민의 수준에 도달하였다고 하면서 국제사회의 대 요르단 지원이 필요하며 이미 많은 요르단 인들이 빈곤선 이하의 생활을 하고 있고 실업자가 많은 상황이므로 시리아 난민들을 위해 일자리를 우선하여 배려하기는 매우 어려운 상황임을 토로하고 있다. 레바논도 인구 400만 명 대비 시리아 난민은 150만 명 선으로 높은 비중을 차지하고 있는 것으로 파악되고 있다.

---

4   동 회의에서 미국 11억불, 영국 4.8억불, 쿠웨이트 3억불, EU 3억불, 독일 2.4억불, 캐나다 1.4억불, 일본 1.4억불 등이 약속되었다. 이에 앞서 유엔은 2015년 시리아 대응계획(Syria Response Plan)으로 29억불 및 2015-2016년 지역 난민. 복원력 계획(Regional Refugee and Resilience Plan)으로 55억불 등 총 84억불을 국제사회에 요청하였다.

이 회의에서 논의된 국제사회의 과제는 난민의 기본적인 의식주 충족을 넘어 시리아난민과 주변국 국민을 위한 일자리와 교육 기회를 제공하는 장기적인 해결책이 마련되어야 한다는 것이었다. 시리아내 아동들이 잃어버린 세대가 되지 않도록 교육 기회가 주어져야 하는데 특히 최소 1백만 명의 시리아 난민 아동 및 주변 수용국 아동들에게 교육기회를 제공하는 것은 시리아 장래를 위한 가장 중요하고 필요한 투자라는데 인식을 같이 하였다.

유엔에서의 난민 또는 이주민에 관한 논의는 2016년의 경우 2.4. 런던 개최 시리아 재원 서약회의를 시작으로, 3.30. 제네바 개최 예정인 시리아 난민 재정착, 수용에 대한 서약회의, 5.23-24. 간 이스탄불 개최 예정인 세계 인도정상회의, 9.19. 뉴욕 개최 예정인 유엔 난민·이주민 정상회의 등 일련의 회의들을 통해 국제사회가 난민·이주민에 대해 어떻게 대응해야 하는가를 심도 있게 논의할 수 있는 기회가 주어진다.

2) 2030 안건: 지속가능개발 목표와 난민

2030 개발 안건에 난민 및 국내피난민에 대한 대응이 필요하다는 점이 포함되어 있다. 2015년 9월 유엔 개발정상회의에서 채택된 2030년까지 향후 15년간의 '지속가능개발목표(Sustainable Development Goals)'는 경제적 사회적 환경적 측면을 망라한 총 17개 목표를 합의하였고 이 목표를 전체적으로 아우르는 가장 중요한 메시지는 '아무도 뒤처지지 않게'(Leave no one behind and reach the furthest behind first)이다. 따라서 소외되고 취약한 사람들을 돌보고 그들의 존엄성(dignity)과 정의(justice)를 회복하는 것이 중요하고 이에 따라 인간 중심의(people-centered) 개발 담론이 핵심으로 자리를 잡고 있다.

특히 SDG 17개 목표(Goals) 중 불평등에 관한 10번 목표하의 세부목표(target) 10.7에서 '효율적인 이민정책 및 이해를 포함, 질서 있고, 안전하며, 규칙적이며, 책임감 있는 이주 및 이동의 장려'를 제시하고 있으며, 경제발전에 관한 8번 목표에서도 여성 이주자를 포함한 이주 노동자들의 권리를 강조하고 있다.

새로운 '지속가능개발목표'라는 개발 담론에서 난민·이민이 갖는 함의는 1) 문화적 이질성, 노동시장 경쟁, 외국인 혐오증 등을 둘러싼 수용국의 국내 언론 및 정치권의 인식과 이에 따른 갈등의 문제, 2) 모든 인간의 존엄과 정의를 추구하는 '지속가능개발목표', 즉 2030안건을 위해서는 난민·이민자의 권리도 똑 같이 보장되어야 한다는 원칙과 당위론, 3) 국내·국외의 정상적인 이민 모두가 빈곤과 불평등 타파에 긍정적인 역할을 하였다는 일반적인 이론이 최근 시리아 등의 비자발적 강제적 이주(forced displacement)에도 해당이 될 수 있을지에 대한 질문 제기 등이다. 한편, 최근의 난민·이주자 문제는 발생 원인으로서의 평화와 안보의 문제, 동태적인 측면에서의 지속가능개발의 문제 그리고 인도적 긴급구호 등 인간의 존엄과 평등 및 기본적인 인권의 문제 등 유엔이 다루는 모든 의제가 종합적으로 포함되어 있어 매우 중요한 이슈로 대두되고 있다.[5]

3) 제1회 세계인도지원 정상회의

2016년 5월 터키에서 개최될 제1회 세계인도지원 정상회의에서의 주요 과제는 1) 위기 초기부터 개발기구와 인도지원기구간 협력을 강화하고, 2) 다양한 파트너들과의 협력 강화를 통해 서구 중심의 인도지원시스템을 보편화하는 것이었다. 이 정상회의는 존엄(dignity), 안전(safety), 복원력(resilience), 파트너십(partership), 재정(finance) 등 5개 행동 영역(Action Area)을 도출해 냈는데 이 행동영역은 난민·이주민 차원에서도 꼭 필요한 분야라고 하겠다.

4) 개발기구-인도지원 간 협력

특히, 개발기구-인도지원간 협력 강화를 위해 유엔난민최고대표(UN-

---

5 또 다른 이슈는 개도국에서 선진국으로 이주한 노동자가 자국으로 송금하는 금액(remittance)이 급격히 증대하여 개발기관에서는 이주노동자의 송금을 개도국 개발의 새로운 재원으로 인식하고 있다는 점이다.

HCR)측에서는 요르단이나 레바논 등 대량난민을 수용하고 있는 중소득국에게 양허성 차관을 제공하는 문제를 세계은행과 협의하고 있다고 알려지고 있다. 다양한 파트너와의 협력 문제와 관련하여서는, 현재 요르단에서 UAE 적신월사가 난민캠프를 독자적으로 운영하는 등 실제적으로 이슬람 조직. 기관들이 많은 인도적 지원 활동을 수행 중이므로 이런 비 서방 파트너들과의 협력 문제가 중요한 과제로 떠오르고 있다.

2. 국제사회의 대응 노력

1) 유럽의 대응 메커니즘 개선 필요성

유럽 국가들이 난민 문제에 관한 서로간의 정책조정을 더욱 강화시켜 나갈 필요가 있으며 특히 그리스에서 접수능력(reception capacity)을 강화하고 접수 난민을 유럽 전체로 신속하게 재배치할 필요가 있는데, 만일 재배치가 원활하게 이루어지지 않으면 난민들이 등록을 거부하고 비정규적 이주(irregular migration)를 양산하게 되어 문제가 더욱 어려워질 것이다. 따라서, 유럽 국가들이 난민 재정착(resettlement)을 위한 의지가 중요하며 이를 위해 국가별 쿼터에 대해 적극적이고 전향적인 협력과 정치적인 결단이 필요할 것이다. 그리고 유럽만 이 모든 짐을 지기 어렵기 때문에 유럽이외의 다른 지역에 있는 여타 국가들도 난민을 적극 수용하여 서로 분담하는(burden sharing) 노력이 절실히 필요하다고 하겠다.[6]

또한 유럽 각국이 동일한 접수 시스템을 유지해야 하는데 그렇지 않으면 이주민들이 보다 유리한 접수처를 찾아 계속 이동하면서 무질서와 불안정을 야기하고, 인신매매업자들이 더욱 활개를 칠 가능성이 있을 것이다. 아울러 취약 그룹에 대한 신속한 등록 및 보호시스템을 도입할 필요성이 있다고

6 예를 들어, 영국의 경우 2015년 9월에 향후 5년간 총 2만 명의 시리아 난민을 수용할 것임을 밝히고 특히 그중에서도 아동, 여성, 특히 위험에 처한 여성, 고문 피해자 등 취약 층 난민에 우선권을 부여할 것이라고 하였다.

하겠다. 영주권 부여 및 귀화를 적극적으로 수용하는 노력도 필요하다. 결국 중요한 것은 접수도 그렇지만 신속하고 효율적이며 신뢰할 만한 재배치(relo-cation)이다. 이것이 제대로 작동이 되어야 접수도 신뢰할만하게 나타날 수 있으며 난민들을 안정적으로 관리할 수 있을 것이다. 또한 망명시스템이 제대로 작동하기 위해서는 자격이 없는 사람들을 원천국으로 추방할 수 있어야 하나, 원천국에서 접수를 거부하는 것이 문제이므로 국제적인 협조가 필요하다고 본다. 중장기적으로는 원천국, 귀환국 등에 대한 개발협력 확대를 통해 이주민 발생의 근본원인을 해결하는 것이 가장 중요한 해결 방향이다.

2) 독일의 난민 정책

2015년에 독일에 대한 난민 신청 건은 그 전해에 비해 약 4배가 증가하여 총 80만 건에 이를 것으로 알려지고 있다. 독일이 현재 시리아 난민에 대해 관용적인 입장을 취하고 있지만 독일 정치권에서는 작년 연말 쾰른에서의 난민·이주자에 의한 성폭행 사건으로 난민 수용을 제한해야 한다는 여론이 커지고 있다. 현재 집권당인 기독교민주엽합/기독교사회연합의 총 312명 의원 중 주로 기사당 의원인 44명이 2016년 1월 기민당 출신인 메르켈 총리에게 친 난민 정책에 반대하는 공개서한을 전달하면서 연간 난민수용 상한선을 20만 명으로 제한하자고 요구하고 있다. 전반적인 반 이민/난민 정서로 최근 여론조사에서 기민/기사연합의 지지율은 최근 4년간 최저치인 32.5%를 기록한 반면, 극우 포퓰리즘 정당으로 이민 정책 및 메르켈 총리의 난민 정책에 반대하고 있는 독일 대안당(AfD)은 역대 최고인 12.5%의 지지율을 기록하였다.[7]

---

7   2015년 연말 발생한 쾰른 사건의 혐의자들 대다수가 알제리, 모로코 및 튀니지 등 북아프리카 출신 난민자들로 밝혀졌으며, 현재 독일 내 동 지역 출신 난민 11,000명 중 추방이 결정된 인원은 약 8,000명이다.

3) EU의 난민 정책

EU 는 시리아 난민이 유럽으로 정착할 경우 언어, 직업교육, 추후 시리아로의 복귀 문제 등에 많은 어려움이 예상되어 가능한 요르단 등 시리아 인접국에 머물도록 하게 해야 한다는 입장을 가진다. 이렇게 될 경우 EU가 설치한 시리아 사태 신탁기금(Madad Fund)을 통해 이들 인접국들에 대한 지원을 확대하려고 계획하고 있다.[8] 난민 발생의 근본원인인 시리아 내 무력 분쟁의 종식 없이는 해결이 쉽지 않아 보이며 단기간 내에 "제네바 커뮤니케"에 기반 한 정치적 해결의 전기를 마련하기가 쉽지 않을 것으로 보인다.[9]

난민 문제와 관련 국제사회에서는 의무를 분담하자는 요구가 계속 확대되어 왔으며 특히 난민 수용 및 인도적 지원의 확대와 관련하여, 중동 및 유럽을 넘어 국제사회 전체의 동참을 요구하는 목소리가 더욱 커지고 있다. 지금까지는 시리아 난민의 인권.인도적 위기상황이 부각되면서 안보적인 함의는 아직 덜 본격적으로 제시되고 있지만 앞으로 난민 유입 경로를 통해 시리아 내 ISIL(Islamic State of Iraq and the Levant: 현재는 IS로 일컬어짐) 등 테러조직 연계 인물이 유럽 여러 국가로 입국할 가능성에도 우려가 커지고 있다. 한 단계 더 나아가 이들이 유럽 국가에서 기약 없이 계속 체류하게 될 경우 이들이 가져올 기존 유럽 사회에 대한 인구동태적 변화(demographic change)와 이에 기초한 문화적 종교적 인종적 포용성(inclusiveness)과 통합(integration) 문제 그리고 다문화적 다양성(multi-cultural diversity)의 존중 필요성과 관련된 문제들이 계속 제기될 것으로 보인다.[10] 시리아 난민의 주요 목적지인 EU에

---

8 이 신탁기금은 시리아, 레바논, 터키, 요르단, 이라크 등 난민 수용국을 지원하기 위해 EU회원국의 기여로 운영되며 기금목표액 6억1천만 유로 중 3억5천만 유로 규모의 프로그램 패키지를 만들었는데 교육(1억4천만), 복원. 지방개발(1억3백만), 보건(5천5백만), 수질. 위생(2천5백만 유로)등 4개 분야 프로그램을 시행할 예정이다.

9 제네바 커뮤니케(Geneva Communique)는 2012년 6월 시리아 사태의 해결을 위해 채택된 문서로 상호 동의에 기반한 과도 정부 구성이 골자이며, 과도정부의 구성이 아사드 대통령의 사퇴를 전제로 해야 한다고 주장하는 서방과 순니파 아랍 국가들(반 아사드)과 현 아사드 정권의 정당성 인정을 전제로 해야 한다는 러시아, 이란(친 아사드)간 이견이 계속 있어왔다.

10 셴겐 조약(Schengen agreement)은 유럽 각국이 공통의 출입국 관리 정책을 사용하여 국경시스템을 최소화해 국가 간의 통행에 제한이 없게 한 조약이다. 아일랜드와 영국을 제외한 모든 EU 가입국과

서는 회원국 간 연대성과 책임 강화 논의가 이루어지고 있으나, 독일 프랑스 등은 이주민 관련 유럽 차원의 공동 대응(이주민 분담 수용)을 촉구하는 반면, 헝가리 등 동유럽 국가들은 국경관리 강화가 필요하다는 입장을 보이는 등 서로 간의 입장 차이를 보이고 있다.[11]

V. 시리아 내전과 시리아 사태의 정치적 해결 동향

1. 시리아 내전 동향

시리아 내전이 2011년 발발한 이후 지금까지 계속되고 있고 시리아 내 ISIL이 계속 세력을 확대해 나가고 있는 상황에서 시리아 국민들은 자신의 생명과 신체의 안위에 대한 위협과 불안감을 가지게 되었다. 특히 ISIL 점령지 인근지역 주민들의 경우 자신이 사는 지역을 떠나 안전한 유럽으로의 이주가 늘어나고 있다. 내전 발발 이후 약 20만 명 이상이 사망하고 400만 명 이상의 난민과 650만 명의 국내피난민(internally displaced persons) 등 전체 인구의 절반(1,220만/2,200만 명)이 인도적 지원을 필요로 하는 상황으로 현재 국제사회 최대의 인도적 위기로 나타나고 있다.[12]

시리아 인접 4개국(터키, 레바논, 요르단, 이라크)이 전체 시리아 난민의 98%를 수용하면서 이들 국가들에 대한 경제적 사회적 부담이 가중되고 있

EU 비가입국인 아이슬란드, 노르웨이, 스위스 등 총 25개국이 가입하였다. 솅겐 조약 가맹국들은 국경 검사소 및 검문소가 철거되었고, 공통의 솅겐 사증을 사용하여 여러 나라에 입국할 수 있다. 이 조약은 동 조약 가입들 중 어느 한 국가에 난민으로 최초로 입국할 경우 여타 국가로의 통행이 자유롭게 되어 특히 시리아 및 아프간 난민 등의 유럽 내 유입에 우려를 표명하는 여론이 적지 않게 확산되고 있다.

11 EU 특별내무·사법 이사회는 2015년 9월 14일에 향후 2년간 그리스, 이탈리아 난민 4만 명 재배치 계획을 공식 채택하였으며, 이후 9월 22일에 그리스, 이탈리아 난민 12만 명의 추가 재배치 계획을 승인하였다.

12 전 세계 난민 수는 1,950만 명에 달하며 자국 내 다른 지역으로 피난한 국내실향민(internally displaced persons), 난민심사 결정을 기다리는 비호신청인(asylum seeker) 등을 합친 강제실향민 (forcibly displaced persons)는 5,950만 명 규모로 알려져 있다. 최근 몇 년간 중동아프리카 지역 내전 또는 정세 악화로 강제실향민이 급격히 증가하였으며, 2014년 한 해에만 1,390만 명이 발생하였다.

으며, 대규모 난민 유입으로 인한 종파주의적 갈등과 치안 불안이 심화되고 있다.[13] 시리아 난민들은 지중해 해상 및 육로를 통해 유럽으로 들어오려는 이주민(migrant)이 되어 유럽으로의 유입이 증대되고 있다. 특히 그리스의 섬들을 경유한 난민선 및 터키를 경유한 육로를 통한 유럽으로의 시리아 난민 유입도 지속되고 있다.

2. 시리아 문제의 정치적 해결 노력

2016년 2월 26일 유엔 안보리는 시리아에서 적대행위를 중단키로 한 2월 22일 미국과 러시아간 공동성명을 승인하는 결의 제 2268호를 만장일치로 채택하였다. 동 결의안은 적대행위 중단과 함께 제네바 커뮤니케에 따라 시리아 주도의 정치전환을 촉진토록 명시한 안보리 결의 2254호의 완전하고 즉각적인 이행을 요구하며 시리아의 미래는 시리아인이 결정한다는 점을 재강조하고 있다. 또한 항구적 휴전을 위한 여건 마련 노력을 지원할 것을 촉구하고 인도지원 기관들이 시리아 전역에 방해받지 않고 접근할 수 있도록 허용하고 유엔 지원하의 정치 프로세스가 조속 진전되어 시리아 정부와 반군간의 협상을 최대한 조속히 재개할 것을 요청하고 있다. 이와 관련하여 2016년 3월 7일에 평화협상을 재개하여 시리아 정치대화 과정을 다시 시작하도록 하고 있다.[14] 그러나 여전히 미국은 시리아의 정치 전환은 자국민에 대한 고문, 통 폭탄 공격, 봉쇄, 의도적 기아 등의 행위로 인해 지도자 아사드의 퇴진을 전제로 할 필요가 있다는 입장인 반면, 러시아는 아사드의 퇴진 여부를 포함 모든 논의는 모든 정치세력들이 참여하여 포괄적으로 다루자는 입장이다.

---

13 난민 수용 현황은 레바논이 120만 명, 터키 200만 명, 요르단 62만 명, 이라크 25만 명이다. 레바논에서는 국내 정파 간 입장 차이로 인해 시리아 난민을 위한 공식 난민 캠프는 만들지 못하고 있다고 한다.

14 2015년 말 국제시리아지원그룹(International Syria Support Group)이 결성되어 시리아 내전의 정치적 해결을 위한 중요한 진전을 이루었고 시리아 반군도 고위협상위원회(Higher Negotiations Committee)를 조직하여 아사드 정권과 정치적 전환을 위한 협상에 참여하기로 하였다.

VI. 난민 문제에 관한 새로운 정책과 접근법

난민들에게는 보호소, 물, 식량에 대한 접근권 같은 '난민의 권리(refugee rights)'가 계속 보호되어야 할 뿐만 아니라 교육 및 생계(livelihood)적 지원 역시 보장되어야 한다. 시리아와 주변국의 복원력 강화를 위해 생계, 직업, 교육, 보건 및 물, 위생, 전기, 폐기물 처리 등 기본 서비스에 대한 개발 지원이 절실하며, 특히 여성과 아동에 대한 특별한 고려가 필요하다고 한다. 특히, 시리아 주변국에 대한 개발 지원을 통해 이들의 경제, 서비스, 인프라 등을 강화함으로써 난민유입으로 증가된 인구에 대응해 나갈 수 있도록 도와야 할 것이다. 터키, 레바논 및 요르단과의 협의를 통해 주변국내 최소 1백만 개의 일자리를 창출함으로써 시리아 난민들이 본국과 가까운 곳에서 생계를 꾸려갈 수 있도록 하고 동시에 난민 수용국 국민의 일자리도 창출하고자 하는 움직임이 계속되고 있다. 이는 시리아 난민들로 하여금 역내에 머물도록 하는 여건을 만들어 줌으로써 유럽까지 위험한 여행을 하지 않도록 유도하는 효과도 있을 것이다.

유럽의 입장에 대해 비판적인 인사들은 유럽의 여러 국가에서 극단적 민족주의, 단일문화주의, 극우 정치적 이데올로기 등으로 독일을 제외한 대부분의 유럽 국가들은 자국 입장을 벗어난 책임성과 용기를 보여주지 못하고 있으며, 2015년 파리 테러 사건, 2015년 연말 독일 쾰른에서의 난민·이민자에 의한 범죄가 부각되고 있으나 대부분의 난민·이주민들은 위험을 야기하지 않는다고 주장하고 있다. 그렇기 때문에 터키, 요르단, 레바논 등 대량 난민 수용국은 이미 능력 이상의 고통을 짊어지고 있고 인도적 지원을 시행하는 국제기구들도 한계에 달해서 국제사회의 연대가 책임분담(responsibility sharing) 등 구체적인 행동과 기여로 나타나야 한다고 강조하고 있다. 특히 터키, 레바논, 요르단 등이 위기 발생지에서 가깝다는 이유만으로 대부분의 부담을 짊어져야 하는 현 상황은 공정하지 않으며 글로벌 위기 대응을 위해 국제사회 전체가 책임을 분담하는 체계가 마련되어야 할 것이다. 가장 중요하고 시급한 현안은 교육, 보건, 식량, 일자리 등이다. 특히 아동과 소녀 여성

에 대한 교육의 중요성이 강조되고 있다.[15]

특히, 세계시민교육(global citizenship education)은 인간의 존엄성과 인권 등 보편적 가치를 배우는 것을 기초로 하여, 현재의 글로벌 상황을 잘 인식하여 다른 사람들을 존중하고 이해하며, 기후변화 등 환경문제에 대한 인식을 높이고, 소외된 계층을 돌아보는 사랑과 공감의 마음을 갖도록 하여 국가 간 인간 간에 평화롭고 조화롭게 공존하도록 하는 교육의 새로운 방향이다. 현재 세계적인 난민 문제의 흐름 속에서 난민들에게 이러한 교육을 통한 타자와의 긍정적인 관계와 인식을 심어주는 노력이 필요하다.

VII. 결론

난민 문제는 이미 심각한 글로벌 이슈가 되고 있으며, 2015년 11월 20일 유엔에서 있었던 '지중해 이주민 사태 관련 유엔총회 전체회의'에서 반기문 유엔사무총장은 난민 문제가 송출국(origin), 경유국(transit), 목적지국(destination) 뿐만 아니라, 국제사회 전체의 문제로 인식하고 강한 연대와 책임 공유가 필요하다고 강조하면서, 이를 위해 국제사회가 공평한 책임(equitable responsibility)을 부담해야 하며, 구체적으로 '난민 문제의 근원 해결', '관리된 난민 유입', '인권 보호', '재원 확보', '국제사회의 공동 대응'등이 필요하다고 강조하였다.

이 회의에 참석한 구테레스(Gutteres) 유엔난민최고 대표는 난민은 테러리즘의 원인이 아니라 피해자라고 강조하고, 지속가능한 해결을 위해서는 난민 수용국이 설사 중소득국이라 하더라도 이에 대한 개발협력 지원이 이루어져야 한다고 강조하였다. 리케토프트(Lykketoft) 유엔 총회의장은 테러리즘

---

15 전문가들은 1951년 난민 협약상의 난민의 정의가 재검토되어야 한다고 지적하고 있는데 이는 현재 유럽 국가들이 유럽행 이주민들을 "난민"과 "경제적 이민자"로 구분하고 경제적 이민자들은 받아들이지 않으려고 하는데 경제적 이민자들도 가난, 식량부족, 자연재해 등의 역경을 피해 안전한 삶이 보장된 곳으로 가려고 하기에 이들도 보호받을 자격이 있다고 주장하고 있다.

에 대한 공포가 난민에 대한 편견이나 난민 공포증(Xenophobia)을 합리화시킬 수는 없으며, 국제사회는 난민에 대한 도덕적 · 법적 의무를 다하여야 한다고 강조하였다.

이제는 단순히 난민을 수용한다는 차원을 넘어 그들이 재정착(resettlement)하고 통합(integration)될 수 있는 합법적인 경로(legal pathways)를 구체적으로 검토해야 한다.[16] 예를 들어, 난민의 안정적인 체류 지위 확보, 체류국에서 최소한으로 누릴 수 있는 인권적인 조치(기본적인 보건 및 보험 기회 제공), 난민의 재정착, 난민의 가족 및 친지 결합(가족 상봉), 난민 고용 보장 및 확대, 장학금제도, 교육 및 직업훈련 기회 제공 등이 적극적으로 고려되어야 할 것이다.[17]

보다 큰 틀에서는 난민 · 이주민을 효과적으로 확인, 검색, 등록, 회부할 수 있는 소위 '핫 스팟'('hotspot') 설치, 그리스의 도서 지역 및 본토 내 충분한 접수 역량 확보, EU 차원의 재배치, 계획 신속 이행, 난민지위 부여 대상이 아닌 이주민에 대한 효과적인 자발적 귀환, 여타 통합 정책 마련 등이 필요하다고 하겠다.

또한, 내전 등 분쟁에 의한 난민뿐만 아니라, 기후변화와 환경의 변화에 따라 자기 의사에 반하여 사실상 강제적으로 이주해야 하는 이주민도 증가하고 있는데, 특히 아프리카의 경우 이러한 정치적인 사유와 환경적인 사유가 결합한 난민 · 이주민이 다수 발생하고 있다. 차드호 크기가 1963년 대비 1/20로 축소되면서 차드호 인근에서만 약 250만 명의 실향민이 발생했으며, 남 수단. 부룬디 등의 정정불안 사태로 이들 주민들의 유럽으로의 역외 탈출을 더욱 촉진하게 될 것으로 보인다.

난민 문제는 한 국가만의 노력으로 해결될 수 없는 국제적 문제로서 국제사회의 연대감과 부담 공유가 필요하며, 시리아 난민 뿐 아니라 아프리카 북

16　유엔의 통계에 의하면 난민들은 수용국에서 평균 17년 이상을 거주한다고 알려지고 있다.

17　예를 들어, 요르단에서는 시리아 난민의 90%가 캠프 밖 지역사회에 거주하고 있어 이들에 대한 교육, 보건 등 인프라 지원이 더욱 필요하다고 한다.

동부(Horn of Africa), 벵갈만, 아덴만 및 동유럽 등 세계 각지에 산재해 있는 난민 문제를 해결하기 위해서는 난민에 대한 지원을 자선(charity)으로 보는 시각에서 국제 평화와 안보, 번영을 위한 장기 투자로 보는 시각으로의 전환이 필요할 것이다. 특히, 난민 문제의 근본원인에 대한 정치적 해결이 중요하며, 테러리즘 및 폭력적 극단주의(violent extremism)의 근절이 중요하다. 이런 측면에서 근본적인 대응인 교육, 그중에서도 글로벌 시민의식 교육(global citizenship education)의 중요성이 더욱 강조되고 있다.

난민 담론에서 중요한 개념 중의 하나는 '공고한 해결'(durable solution)이며 이 개념은 자발적 본국 송환(voluntary repatriation), 지역사회로의 통합(local integration), 재정착(resettlement)[18] 등을 의미한다. 다른 개념은 무국적자(statelessness)이며 이 경우 모든 혜택의 수혜가 어렵게 되므로 시급히 다루어져야 할 문제이며 대도시 부근의 난민 집중 현상(urbanization)도 심각한 상황인데 이 경우 신분증명서류(documentation), 거처, 건강, 생계, 교육, 성적 차별 등 다양한 소요(needs)가 제기된다. 또한, 국내적인 이산민(IDP) 문제도 해당하는 인적 규모나 영향 면에서 가장 시급하게 다루어져야 할 문제이다.

국제사회 난민의 지금의 화두는 여러 가지 이유로 자기의사에 반하여 불가피하게 정주지를 떠나야 하는 '강제적 이산'(forced displacement)이다. 이것이 자국의 영토를 벗어나 타국으로 국제화되는 방향이 난민(refugee), 망명신청자(asylum seekers) 및 이민자(migrant)로 나타나며, 국내적으로 소산될 경우 소위 국내난민(IDP, Internally Displaced Persons)이 된다. 국내난민의 경우 그 인원과 심각성에도 불구하고 국내적인 사안으로 취급되어 국제적인 관심이나 지원이 소홀한 것이 현실적 어려움이다. 대규모 난민 이동의 근본 원인은 분쟁, 정치 불안, 인권 유린, 극단주의, 고용 기회 부족, 취약한 정부(governance), 기후변화 등 매우 다양하며, 동시에 납치 및 인신 매매 등 조직화된 범죄에도 대응해야 하며 또한 본국 귀환 및 재통합 등 중장기적이고 거시적인 도전

---

18 재정착이 가장 확실하고 안정적인 해결책이나 수요에 비해 실적이 좋지는 않으며, 2011년에 대략 80만 명이 재정착을 희망하였으나 10% 정도만 가능했으며 그것도 매우 적은 국가들만이 이들을 수용하였는데 2010년의 경우 호주, 캐나다, 스웨덴, 미국 등 4개국이 재정착의 94%를 수용하였었다.

들도 다루어야 한다.[19]

　이미 '새로운 정상'(new normal) 되버린 이 문제의 궁극적인 해결의 적극적인 방법은 국제사회가 이를 인류 공동의 문제로 인식하고 다루어야 한다는 전제하에, 국가들의 부담 및 책임 분담(burden- and responsibility-sharing)과 국제적인 연대감(international solidarity)이 확립되어야 하는 필요성을 국제사회가 인식하는 것이다. 이것이 '아무도 뒤처지지 않도록'(Leave no one behind) 인간의 존엄을 추구한다는 2030년까지의 "지속가능개발목표(SDG)"의 궁극적인 목적을 달성하는 길이기도 하다.

19　프란치스코 교황은 '난민은 불특정 다수가 아니라 인도주의와 존엄이 보장되어야 하는 하나의 인간이다(not just anonymous mass, but human being who should be treated with humanity and dignity)'라고 지적하였다.

● 참고문헌

"The State of the World's Refugees: In Search of Solidarity."(*UNHCR*, 2012).

"Progressing towards Solutions,"*UNHCR Global Appeal 2015 Update* (2015).

"Assistance to refugees, returnees and displaced persons in Africa."*United Nations General Assembly Resolution A/C.3/70/L.62* (November, 4. 2015).

"Office of the United Nations High Commissioner for Refugees."*United Nations General Assembly Resolution A/C.3/70/L.63* (November, 4. 2015).

"Statement by United Nations High Commissioner for Refugees."Mr. Antonio Guterres, at the Third Committee of the General Assembly (New York, November 3, 2015).

NPR, "U.N.: Syrian Refugee Crisis Is 'Biggest Humanitarian Emergency Of Our Era'."http://www.npr.org/sections/thetwo-way/2014/08/29/344219323/u-n-syrian - refugee-crisis-is-biggest-humanitarian-emergency-of-our-era,

(2016년, 3월 6일 접속).

한국 내 무슬림 난민의 현황, 난민제도의 이해 및 한국 기독교 교회의 과제

이 일[*]

[*] 기독법률가회 사무국장, 공익법센터 어필 상근변호사

● ABSTRACT

Ii Lee

Refugees have become high on the agenda in Korea after having sparked great concern worldwide last year. From 1994, when South Korea began to recognize refugees, to 2015, 15,250 people have applied for refugee status in Korea. However, just as in Europe, societal understanding of Muslims and refugees is lacking, despite the conspicuous increase of Muslim refugees from war in Syria and other countries. Rather, groundless fear hatred fills the country. Just as the Korean society is inexperienced in dealing with refugees, Korean churches also are unprepared to welcome and help refugees in their special circumstances. Korean churches have only approached refugees on the basis of their mission work with foreign immigrants. Consequently, the current refugee situation demands understanding of Muslim refugees staying in Korea and questions churches' proper role. To address this issue, this article aims to explore the concept of the refugee, Korea's refugee system, the current state of affairs, the circumstances for Muslim refugees in Korea, and the grounds for refugee status. The vulnerability of Muslim refugees in Korea will be analyzed in three perspectives: their vulnerability as asylum seekers and refugees, the added difficulties from the recent hatred toward Muslims and refugees, and the problems facing mission work. Lastly, this article will scrutinize the past responses of Korean churches and the tasks asked of Korean churches in the future.

• Key words: Refugee, Muslim, Korean Christianity, Refugee act, The 1951 Refu gee Convention, Islamophobia,

• 주요주제어: 난민, 무슬림, 한국 기독교, 난민법, 난민협약, 이슬람혐오증

I. 서론

2015년은 제2차 세계대전 이후 세계적으로 가장 많은 난민들이 발생한 한해로 기록되었다.[1] 정치적 의견, 인종, 종교, 국적, 특정사회집단 구성원 지위와 같은 개별적인 박해의 위험 발생사유로 인한 전통적인 난민들에 더해, 2011년 시리아 내전의 발발 이후 여러 국가에서 해법 없이 항구화 되고 있는 무력충돌[2]로 인해 전쟁으로부터의 피난을 외견적 원인으로 하는 소위 전쟁난민들이 폭증하게 되었다. 국가로부터의 정상적인 보호를 기대할 수 없어 국적국 외에서 비호를 구하는 난민신청자[3]들이 계속해서 증가하자, 유엔난민기구의 고등판무관은 가장 많은 난민을 현재 발생시키고 있는 시리아 내전을 일컬어 "우리 시대의 가장 커다란 위기"라고까지 언급하였다.[4]

한편 2015년은 보호가 필요한 난민들의 숫자적 증가뿐만 아니라, '난민'이란 주제 자체가 세계적인 의제로 떠오르고 그 내용면에서 크게 충돌했던 한 해이기도 했다. 9월 2일 터키 해안가에서 발견된 쿠르드 족 아동 아일란 쿠르디(3살, 국적: 시리아)의 비극적인 시신 사진 한 장에 전 세계는 오열했다. 난민들을 보호해야한다는 목소리가 유럽을 휩쓸었고, 독일을 비롯한 유럽

---

1 유엔난민기구(UNHCR)가 2015년 여름에 발표한 보고서 *Global Trend 2014*에 따르면, 2014년 말 기준으로 강제이주자(Forced migrants), 국내 실향민(Internally Displaced Persons) 및 난민(Refugees)들이 5천950만 명으로 증가하였고, 인구 규모상 이는 세계24위의 국가 수준에 해당한다고 한다. 전세계 난민숫자는 2011년 4천250만 명에서 2014년 5천950만 명으로 갑자기 40%나 폭증하였다. 이처럼 난민의 숫자는 5천120만 명을 기록한 2013년 이후 매년 5천만 명을 넘어서고 있어 2차 세계대전 이후 최대를 기록하고 있다고 한다.[UNHCR, "UNHCR Global Trends 2014 −Forced Displacement in 2014," http://unhcr.org/556725e69.html, (2016년, 2월 5일 접속)]. 그 증가세는 2015년에도 멈추지 않고 있다.

2 예컨대, 가장 대표적으로 알려진 내전 진행국인 시리아 뿐 아니라, 2014년부터는 아라비아반도 최남단에 위치한 예멘에서도 사실상 국제전에 준하는 내전이 지속되고 있고, 다양한 형태의 국내 무력충돌이 아프가니스탄, 이라크 등지에서는 계속해서 반복되고 있다.

3 본 저술에서는 법적으로 구별이 필요하거나, 오해의 소지가 있을 때에는 난민인정절차를 통과하여 인정된 '난민'과, 난민인정절차가 진행 중인 '난민신청자'를 구별할 것이나, 많은 수가 난민으로 인정받아야 함에도 난민으로 인정받지 못하는 낮은 난민인정률을 고려할 때, 전체적으로 보호가 필요한 사람들을 묶어 통칭할 때에도 '난민'이라는 용어를 사용할 것이다.

4 NPR, "U.N.: *Syrian Refugee Crisis Is 'Biggest Humanitarian Emergency Of Our Era'*," http://www.npr.org/sections/thetwo-way/2014/08/29/344219323/u-n-syrian-refugee-crisis-is-biggest-humanitarian-emergency-of-our-era, (2016년, 2월 5일 접속).

국가들의 정책이 변화하였으며, 이에 맞춰 최종 목적지를 찾지 못했던 난민들이 유럽으로 머나먼 발길을 돌렸다. 그러나, 얼마 지나지 않은 11월 13일 소위 파리 테러 사건이 발생한 이후 난민들 - 특히 무슬림 난민들 - 은 하루 아침에 보호의 대상에서 잠재적인 테러리스트로 이름이 바뀌어 불렸다. 돌아갈 곳 없이 내몰린 취약한 난민들 앞에 서있는 유럽 각국의 사회 뿐 아니라 교회 역시 복잡한 도전과 갈등에 직면하고 있다.[5]

이러한 유례없는 난민의 위기와 한국은 과연 무관한가? 물론, 한국은 결코 유럽이 직면하고 있는 것과 같은 대량 난민유입(Mass influx)의 발생할 여지는 상상하기 어렵다. 그러나 한국이 『난민의 지위에 관한 협약』(Convention relating to the Status of Refugees, 이하 '난민협약'), 『난민의 지위에 관한 의정서』(Protocol relating to the Status of Refugees: 이하 '난민의정서')에 가입하여 국내 법제를 정비하고 난 뒤, 1994년부터 난민신청을 접수하기 시작한 이래 2015년 말까지 약 21년 동안 한국에서 난민신청을 한 사람들이 15,250명에 이르고, 매년 난민신청 숫자는 높은 비율로 급증하고 있다.[6] 특히 시리아 난민을 포함한 무슬림 난민들의 숫자 역시 2011년 이후 매우 큰 숫자로 늘고 있다.

한국은 2013년에 사실상 아시아 최초로 독자적인 국내법으로서 난민협약의 이행법률인 난민법을 시행하기 시작하였고, 2015년에는 아시아에서 일본 다음으로, 세계에서 29번째로 난민재정착제도(Resettlement)[7]까지 시행하였

---

5   하루가 다르게 급변하는 정세 속에서 유럽교회의 난민에 대한 태도를 본격적으로 연구한 학술논문은 사실상 찾기 어렵다. 그러나, 난민이 최초로 입국한 나라에서만 난민심사의 의무가 있다고 규정한 '더블린 조약'의 적용을 잠정적으로 배제하는 취지로 난민신청자를 대폭 받아들이겠다는 독일의 경우 점차 거세지는 반 이민 정서에도 불구하고 교회는 난민을 환영하는 태도를 취해왔으나, 점차 그 태도도 흔들리고 있는 것으로 언론에서 보도되고 있다. 예를 들면, Washingtonpost, "German churches tone down refugee welcome as problems mount," https://www.washingtonpost.com/national/religion/german-churches-tone-down-refugee-welcome-as-problems-mount/2016/02/12/097c2af0-d1bf-11e5-90d3-34c2c42653ac_story.html , (2016년, 2월 13일 접속).

6   출입국외국인정책본부 "통계월보 2015년 12월호," http://goo.gl/lengzp, (2016년, 2월 5일 접속), 5.

7   유엔난민기구의 난민인정심사와 추천을 받은 난민들을 정부가 직접 데려와 사회 내에 정착시키는 제도다. 한국은 3년 동안의 파일럿 프로젝트로 난민법에 의해 재정착제도를 시행하게 되었고, 2015년 12월 23일, 버마의 카렌족 4가족 22명이 최초로 위 제도를 통해 인천공항에 입국하였다. 출입국외국인정책본부, "미얀마 재정착 난민, 대한민국 품에 안기다," http://goo.gl/5kZEyl, (2016년, 2월 5일 접속), 1-9.

다. 그러나 한국 사회는 점차 인종주의, 반다문화주의가 위세를 떨치고, 일반적인 반이주민정서도 점차 강해지고 있는 것으로 평가된다. 더욱이 2015년에는 반이주민정서에 테러방지 필요성이란 목적이 전례 없이 부가되었고,[8] 소위 이슬람국가(Islamic State 또는 아랍어 발음을 음차한 *Daesh*, 이후 'IS'라고만 함)의 발흥과 잔학한 행위에 대한 보도들은 종래 기독교계 일부에서 관측되던 이슬라모포비아를 종교적 신념과 무관하게 국내에서도 널리 확산시키기까지 했다. 돌아갈 곳 없는 난민들 그리고 그중에서도 소수인 무슬림 난민들은 보다 다층적인 장벽에 막혀 국내에서도 설 자리가 점차 사라지고 있다.

이러한 사회적인 맥락 속에서, 한국전쟁 이후 난민 발생국의 지위에서 사실상 난민수용국의 지위로 변모한 한국의 맥락 속에서 한국기독교 교회는 어떠한 과제를 맞이하게 된 것일까. 위와 같은 질문에 대해 고찰하기 위해 이 글에서는 우선 현재의 한국의 난민제도와 현황을 기초적으로 개관하고, 한국 내 무슬림 난민의 현황 및 취약성을 분석하고, 그간의 한국 교회의 난민에 대한 접근을 평가한 후, 향후 바람직하게 요청될 한국 교회의 과제에 대한 제언을 시도해보고자 한다.

II. 한국의 난민제도와 현황

1. 난민의 개념 및 권리의 이해

과연 누가 난민인가. 난민(難民)은 법적개념과 사회적 개념사이에 간격이 꽤 있는 용어다. 한자문화권에서 통용되는 난민(難民)이란 단어는 그 자구상 '어려움을 당한 사람' 또는 '어려움을 피해서 온 사람'으로 해석될 수 있고,

---

8 2015년에는 난민을 한국내 테러위험과 연결시키는 보도가 가히 최초로 등장하였다. 예컨대, 연합뉴스, "(국정원) 시리아 난민 200명 항공편으로 국내 유입," 2015년 11월 18일자 기사, http://www.yonhapnews.co.kr/bulletin/2015/11/18/0200000000AKR20151118106100001.HTML , (2016년, 2월 5일 접속).

대체로 난민에 대한 이해도 위와 같다. 즉 난민이란 단어는 보통 큰 곤경에 빠진 사람 또는 피난민으로서 어려움을 피해온 사람을 연상케 한다. 그런데 개념정의의 실익이 있는 난민의 개념은 법적 개념이다. 즉, 1951년 난민협약[9]이 규정한 난민의 정의에 해당되는 사람이 바로 난민인 것이다. 영미권에서 통용되는 Refugee나 불어권에서 통용되는 Réfugié의 개념 역시 그와 같다.

법률적으로 정의하자면 대한민국에서 난민은 난민법(법률 제11298호로 제정된 것)의 개념정의에 부합하는 사람이 난민이다. 난민협약의 개념정의[10]를 거의 그대로 번역한 난민법 제2조 제1호는 난민을 "인종, 종교, 국적, 특정 사회집단의 구성원인 신분 또는 정치적 견해를 이유로 박해를 받을 수 있다고 인정할 충분한 근거가 있는 공포로 인하여 국적국의 보호를 받을 수 없거나 보호받기를 원하지 아니하는 외국인 또는 그러한 공포로 인하여 대한민국에 입국하기 전에 거주한 국가(이하 "상주국"이라 한다)로 돌아갈 수 없거나 돌아가기를 원하지 아니하는 무국적자인 외국인"라고 정의한다.[11] ㉠"인종, 종교, 국적, 특정 사회집단의 구성원인 신분 또는 정치적 견해"라는 5가지 범주의 사유로 인해, ㉡장래에 국적국으로 돌아갈 경우, ㉢박해를 받을 ㉣충분한 근거가 있으면 난민이다.[12]

---

9   유럽에서 난민 보호는 독일 30년 종교전쟁 후 신교도들에게 종교의 박해를 피해 이주할 수 있음을 명시한 베스트팔렌 조약(그 중 오스나브뤼크 조약 제5조)에서 보통 그 기원을 찾는다. 이후 제1차 세계대전 중 1917년 러시아혁명으로 인해 발생한 난민들을 지원하기 위해 국제연맹이 난민고등판무관을 최초로 임명하여 난민 문제가 범국제적인 주제가 되었고, 2차 세계대전이 종료된 이후 달라진 국경과 그 경계에서 국적국으로 돌아갈 수 없는 보호가 필요한 외국인들에 대한 범주를 정하기 위해 여러 국가들의 오랜 줄다리기 끝에 오늘날까지 유효한 국제인권법으로서의 1951년 난민협약이 탄생한 것이다.

10 난민협약상 난민의 개념정의[Article 1. A. (2)]는 그 의미에 관하여 그리고 구체적인 난민신청자의 위 개념정의 포섭여부에 관하여 다양한 법적인 다툼이 벌어지는 영역으로서 매우 난해한 부분이다. 다만, 사회적인 개념과 법적인 개념 사이에 간극이 있음은 몇 가지 핵심적인 지표를 구분함으로서 이해할 수 있고, 법적개념을 이해해야 난민제도와 현황에 대해 접근할 때 오류를 피할 수 있다.

11 난민협약의 Article 1. A. (2)의 난민의 정의를 난민법 제2조 제1호로 옮기는 번역과정에서 발생한 문제들에 관하여는 다음의 글을 참조하라. 김종철, "난민관련 한국 법 규정과 판례의 비판적 분석: 1951년 난민의 지위에 관한 협약 제1조 A(2)와 관련하여,"(석사학위논문, 고려대학교 법학대학원, 2015).

12 따라서 난민협약상 보호되는 난민에는 소위 난민이란 개념을 접할 때 통상 연상케 되는 전쟁난민

난민협약에 가입한 국가에 도달하여 비호를 구하는 잠재적인 난민을 난민신청자(Asylum-Seeker)라고 하며, 난민신청자의 주장을 심사하는 제도를 난민인정절차(Refugee Status Determination procedure: RSD절차)라고 하고, 위 제도를 통해 인정된 사람을 난민(Refugee)이라고 부르게 된다.[13] 난민협약은 위와 같이 난민인정절차를 통해 인정된 난민에게 외국인임에도 박해의 위험이 있는 국적국으로 강제송환당하지 않을 권리와 법적지위, 사회보장적 혜택을 받을 권리 등 다양한 권리를 보장토록하여 난민으로 하여금 협약국에서 살아갈 수 있도록 한다. 법적권리가 보장된다는 것이 평화로운 삶과 안정적인 사회통합을 보장하는 것은 아니지만, 난민협약은'추방당하지 않고, 협약국 국민에 준하는 대우를 국가로부터 받는 삶'을 보장하려 한다.

2. 국내 난민제도 및 난민의 현황

한국에서 난민제도[14]가 법적 틀 안에서 공식적으로 시행된 것은 한국이 난민협약과 난민의정서에 가입하고 관련 국내법제를 정비한 이후인 1994년부터로 볼 수 있다.[15] 그 후로 2015년 말까지 21년 동안 15,250명이 난민신청을 하였고, 그중 576명이 난민인정을 받았으며, 910명이 인도적 체류허가

등만 있는 것이 아니라, 정부와 정치적 의견이 다르거나, 종교적 신념이 다르거나 하여 개인적으로 피신하는 난민 등, 매우 다양한 범주의 난민이 포함된다.

13 그런데, 난민(Refugee)으로 인정하는 과정은 기실 법적절차임에도 불구하고 해당국가의 다양한 정책적 고려가 수반되기에, 난민협약의 정의를 충족하는 모든 난민신청자가 난민으로 인정되지는 못한다는데에, 난민제도의 비극이 있다.

14 난민제도는 현재 법무부 산하 출입국외국인정책본부에서 운영을 담당하고 있고, 난민협약의 이행법률인 난민법이 존재한다. 난민신청자들은 난민법에 따라 공항의 입국심사시 공무원에게(난민법 제6조) 또는 국내 각 출입국관리사무소의 공무원에게(난민법 제5조) 난민신청서를 작성하여 제출하고, 이후 면접이 포함된 심사과정을 거쳐 난민인정여부가 결정되고, 처분 결과에 따라 이의신청 또는 행정소송 등의 불복절차가 존재한다.

15 아무런 법적 제도가 정비되어 있지 않았기 때문에, 1960년대 초부터 1990년대 초까지 중국, 소련, 체코슬로바키아 등으로부터 탈출한 정치적 망명자들이 망명을 요청한 사례가 있었으나 받아들여지지 않았고, 1975년부터 1993년까지 3,000여명의 베트남난민들을 수용하였다가 2,400여명을 미국, 뉴질랜드, 캐나다, 프랑스, 네덜란드 등에 재정착시킨 사례 등도 있으나, 정식적인 난민인정이 시행되었다고 보기는 어렵다. 정인섭, "한국에서의 난민 수용 실행," 『서울국제법연구』, 제16권 제1호 (2009), 198-201.

를 받았다. 21년간을 평균하면 신청자 중 3.78%만이 난민인정을 받은 것을 알 수 있다. 위와 같은 통계에서 한국 난민제도의 주요한 특징인 낮은 난민 인정률을 알 수 있고,[16] 또한 난민신청자와 난민인정자의 절대적 수 자체가 난민이 아닌 이주자 일반(2015년 12월말 기준 미등록체류자를 제외한 체류 외국인 수 1,899,519명)과 비교할 때 절대적으로 그 수가 적음을 알 수 있다.

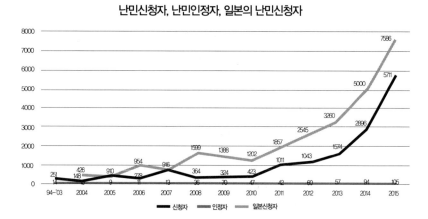

난민신청자, 난민인정자, 일본의 난민신청자

〈그림1〉 출처:출입국외국인정책본부 "통계월보 2015년 12월호", p.33을 저자가 편집

한편, 난민신청자 수는 〈그림1〉에서 보듯 2013년 이후로 거의 매년 약 100%에 가깝게 증가하여 2015년에는 한해 신청자만 5,711명에 달하였 다. 21년 동안의 난민신청자의 1/3이 2015년에 몰려있는 셈이다. 한국은 2011년 아시아에서 사실상 최초로 진보적인 국내법제인 난민법을 제정하여 2013년 7월1부터 시행하였는데, 당국은 이와 같은 난민신청자 수의 증가가 난민법의 시행 탓이라고 분석하기도 한다. 난민법으로 인해 절차적 보장이 강화되자, 박해의 위험이 없음에도 난민지위를 신청하고 체류기간을 연장하

---

16 즉, 100명중 약4명만이 난민으로 인정받고 나머지는 미등록체류자 신분을 전전하다가 추방되는 것 이다. 나머지 96명 중에도 난민협약상 난민이 상당수 존재함을 고려하면 비극적인 사실이 아닐 수 없다. 낮은 난민인정률은 가장난민신청자 방지에 초점을 둔 당국의 정책운용과, 난민협약상 난민 개념에 대한 오해, 당사자의 방어권 등이 충분히 보장되지 않은 현행 난민인정제도 등 여러 복합적 인 원인에서 기인한다.

여 한국에서 취업기간을 장기화하려는 가장난민들의 신청이 늘었기 때문이라는 것이다. 그러나 이 같은 분석에는 아무런 근거가 없다.[17] 오히려, 국가간 노동력의 이주가 점차 증가하는 일반적 원인에, 내전과 같은 국제분쟁의 항구화와 같은 난민 발생 요소 증가와 같은 특수한 원인이 결합한 것으로 보는 것이 보다 타당하다. 박해의 위험을 피한 난민들은 국제적으로 늘어나고 있을 뿐 아니라 한국에서도 늘어나고 있는 것이다.

III. 한국 체류 무슬림 난민의 현황과 취약성

1. 무슬림 난민 현황

1) 규모

현재 한국에 체류 중인 무슬림 난민의 숫자를 정확히 파악하는 것은 사실 불가능하다. 그 이유는 첫째, 난민신청자 중 무슬림인지 여부를 획정하는 것이 간단치 않다. 난민신청서에는 종교를 기재하는 란이 있긴 하지만 그것만으로는 불충분하다. 둘째, 행정당국에서 별도로 종교별 난민신청자 수의 통계를 관리하는 것으로 보이지 않는다. 셋째, 난민신청자를 비롯한 외국인은 체류기간 내에서 입출국이 가능하고, 한편 난민신청을 한 이후 철회도 가능하므로 특정 시점에 체류하는 특정 범주의 난민신청자의 수를 파악하기 매우 어렵다.

매우 여러 가지 난점이 있긴 하지만,[18] 현재로서 대략의 무슬림 난민의 규

---

17 예컨대, 일본의 통계와 비교해 보더라도 이는 부당하다. 난민법과 같은 독자적 법제의 요인이 없고, 난민인정률이 0.36%(2015년 기준)정도에 지나지 않고 한국보다도 훨씬 난민인정이 어려운 일본에서도 거의 한국과 유사한 형태로 난민신청자의 수가 급증하고 있기 때문이다. Reuter, "Asylum seekers in Japan reach record 7,586 in 2015; 27 accepted,"http://www.reuters.com/article/us-japan-immigrants-idUSKCN0V10E7,(2016년, 2월 5일 접속).

18 예를 들어, 이와 같은 방식으로 무슬림 난민의 숫자를 추산할 경우, 유사한 방법으로 이미 출입국외국인정책본부에서 공개하고 있는 체류외국인 숫자를 통해 체류외국인 중의 무슬림의 규모를 대략적으로 추산하는 것도 가능할 것이어서 과연 이와 같은 추산에 별도의 실익이 있는지에 대한 의

모를 파악할 수 있는 가능한 첫 번째 방법은 국가별 난민신청자의 수를 파악하는 것을 고려해볼 수 있다. 무슬림이 90% 이상으로 파악되는 지배적인 국가 출신의 난민신청자의 숫자를 파악하여 합산하되, 행정소송 등의 불복절차까지 고려하여 난민인정절차에 통상 3년 정도의 기간이 걸리는 것을 감안할 때 현재시점으로부터 4개년을 합산한 후 이를 보정하는 방법이다.

2012년도		2013년도		2014년도	
스리랑카	309	시리아	295	이집트	568
파키스탄	242	파키스탄	275	파키스탄	396
시리아	146	나이지리아	206	중국	360
우간다	56	네팔	90	시리아	204
버마	32	카메룬	77	나이지리아	202
방글라데시	32	남아공	74	카메룬	107
에티오피아	15	에티오피아	68	네팔	84
콩고DR	10	방글라데시	45	우간다	84
이란	4	스리랑카	26	라이베리아	70
중국	3	수단	11	방글라데시	62
기타	294	버마	11	스리랑카	21
총계	1,143	코트디부아르	11	미얀마	18
		콩고DR	8	에티오피아	18
		기타	377	코트디부아르	18
		총계	1,574	이란	17
				콩고DR	14
				기타	653
				총계	2,896

〈표1〉 출처: 난민인권센터,"국내 난민현황(2014. 12. 31.)"중[19],연도별 난민신청 국가 현황

2012년의 경우 시리아 146명, 방글라데시 32명으로 합계 178명, 2013년

문이 있을 수 있다. 그러나 난민신청은 여러 결단이 필요한 것으로서 간단히 이루어지는 것이 아니기에, '박해의 위험'이 있다며 한국정부에 보호를 요청하는 무슬림 난민의 규모를 별도로 파악해보는 것은 그 나름대로 유의미할 것이다.

19 난민에 관한 통계는 출입국외국인정책본부가 정기적으로 발행하는 통계월보 이외의 형태로는 공개를 하지 않고 있다. 다만 시민단체 중 하나인 난민인권센터는 공공기관의 정보공개 등에관한 법률에 따라 매년 법무부에 관련 통계를 청구하여 2012년부터 매년 이를 분석하여 공개하고 있다. 다만, 2015년의 통계의 경우 법무부에서 공식적으로 정보공개를 거부하여 위 단체에서 행정심판의 형태로 이를 다투고 있는 중이다.

의 경우 시리아 295명, 방글라데시 45명, 수단 11명으로 합계 351명, 2014년의 경우 이집트 568명, 시리아 204명, 방글라데시 62명으로 합계 834명으로 3년간 합계(A) 1,363명이다.[20] 2015년의 경우 현재 당국이 정보 공개의 형태로도 통계를 외부에 공개하지 않고 있으나, 주된 국가인 이집트 및 시리아의 국가정황이 변동되지 않은 점 및 난민신청자의 수가 2014년에 비해 197.3% 증가한 것을 기계적으로 대입하면 2015년의 경우 약 (B) 1,642명 정도의 무슬림 난민신청자를 추산할 수 있다. 그럼 위수치를 더하면 4개년동안 약 3,005명[21]의 무슬림 난민신청자수를 추산할 수 있다.

파키스탄 출신 난민신청자의 경우 한국에서 대부분 "기독교 개종자"로서의 박해의 위험을 주장하고 있어서 판단의 여지가 있으나 위와 같은 방식으로 더할 경우[22] 4개년동안 약1,693명이 되므로, 이까지 합산하면, 약4,698명이 나오고, ㉠ 기타 무슬림의 비중이 90%이상을 넘지 않는 국가들의 비율을 고려하여 추가하고, ㉡ '기타'에 분류되었으나 90%에 준하는 국민이 무슬림인 국가(예를 들어, 예멘, 우즈베키스탄, 아프가니스탄, 이라크, 리비아)들의 숫자를 추가하는 등 누락된 부분을 보정하면, 보수적으로 잡아도 약5,000여명의 무슬림 배경 난민신청자들이 한국에 체류 중이라고 볼 수 있다. 이렇게 보면 체류 중인 난민신청자들의 절반 이상을 무슬림으로 볼 수 있을 것이다.

대략적인 규모 이상의 정보를 얻기 어려운 위와 같은 추산방법을 제외하고 접근할 수 있는 두 번째 방법은, 명백히 존재하는 부분적 통계를 확인하는 것이다. 예컨대 2011년 내전 이후 가장 많은 인도적 체류자 지위를 획득하고 있는 시리아 난민신청자의 경우 가장 최신의 통계로서 2011년 이래 848명이 대한민국에 난민신청을 하였다(2015. 9. 6.자 기준).[23]

---

20 산식 : 178+351+834=1,363명.
21 산식 : (A:2012년~2014년)1,363명 + (B:2015년)약 1,642=약3,005명.
22 산식 : 242+275+396 = (A2012년~2014년)913명, (B:2015년)약780명. (A)+(B)=1,693명.
23 그 중 641명이 인도적 체류허가를 받았고, 3명이 난민인정을 받았다. 이일, 5.

2) 무슬림 난민들의 출신국가별 난민신청 사유 범주 일별[24]

한국 체류 주요 무슬림 출신국가들의 국내 난민신청 사유는 정치적 의견으로 인한 박해, 종교로 인한 박해가 주를 이룬다. 2011년 전쟁이 시작된 이후 난민신청이 급증하고 있는 국가인 시리아 난민신청자들의 경우 기독교 개종사유와 같은 종교에 의한 박해를 주장한 경우는 알려진 적이 없고, 대부분 전쟁으로부터의 피신, 남성에 대한 징집거부, 쿠르드족과 같은 소수민족에 대한 박해 등이 대부분을 이룬다. 난민협약에 따라 해석하자면, '정치적 의견', '민족', '특정 사회집단 구성원지위' 등에 따른 박해를 주장하는 것이다. 2014년 이후 전쟁이 시작된 예멘 역시 대체로 전쟁으로부터의 피신, 후퇴, 반군이 행하는 강제징집 거부 등의 사유가 대부분이다.

이집트 국적 난민신청자들의 경우 소위 '아랍의 봄'이후 군부 쿠데타 등의 반복으로 인해 정권의 변화, 예를 들면 무슬림 형제단(Muslim Brotherhood)에 의한 박해, 또는 무슬림 형제단에 의해 받은 박해와 같이 정치적 의견으로 인한 박해를 주장하는 경우와 기독교 개종자로서 종교를 이유로 한 박해를 주장하는 경우가 있다.

방글라데시의 경우 방글라데시 민족주의당(BNP, Bangladesh National Party) 지지자들에 대한 아와미리그당(AL, Awami League)의 박해를 주장하는 경우와, 치타공 산악지역(Chittagong Hill Tracts)에 거주하는 소수민족을 통칭하는 불교도인 줌머족(Jumma)으로서의 종교, 인종에 의한 박해를 주장하는 경우, 기독교도나 아마디야교에 관한 신념으로 인해 종교에 의한 박해를 주장하는 경우가 있다.[25]

특기할만한 점은, 시리아와 예멘과 같이 현재 전쟁이 계속되고 있어 거의

---

24 난민신청자들의 난민사유 주장은 개인마다 독특성을 가지고 있어 통계로서 관리하기가 어렵다. 현재, 출입국외국인정책본부는 통계월보에서 난민협약상의 5가지 사유 즉, 정치적 의견, 종교, 국적, 인종, 특정사회집단 구성원 지위 중 어느 범주에 해당하는 사유를 주장하였는지만을 연도별, 국가별 고려 없는 통계로 공개하고 있을 뿐이다. 따라서 양적 평가는 어렵고, 질적 평가로 경험된 범주를 나열할 수밖에 없다.

25 법무부, "국내 난민신청 이슈에 기초한 주요 수용국의 난민 판례 연구," 2012년, 96-115.

모두가 전쟁으로부터의 피난을 주장하는 무슬림 난민들을 제외하고는, 기독교 개종 즉, 종교를 이유로 한 박해의 위험을 주장하는 무슬림 난민들이 있다는 것이다. 이는, 이집트, 방글라데시 등 정치적인 의견을 이유로 난민사유를 대체로 주장하는 국가에서도 나타나고, 주된 통계에 잡히지는 않았지만, 우즈베키스탄과 같은 국가들에서도 나타난다. 파키스탄과 같은 국가의 경우는 난민신청자들의 대부분이 기독교 개종을 이유로 한 박해의 위험을 주장한다. 종교로 인한 박해를 주장하는 경우 아마디야교(Ahmadiyya) 또는 수니파 무장집단에 의한 시아파의 박해와 같이 이슬람 내에서의 종교로 인한 박해를 주장하는 경우도 있으나, 대체로 기독교 개종으로 인한 박해를 주장하는 경우가 더 많다.

2. 한국 체류 무슬림 난민들의 취약성과 필요

그렇다면 한국에 체류하고 있는 무슬림 난민들은 과연 어떤 취약성을 가지고 있고, 이에 어떠한 도움을 필요로 하고 있을까. 이 부분은 세 가지 측면에서 인권적, 사회적, 종교적 측면에서 살펴볼 수 있다.

1) 난민신청자, 난민으로서의 취약성 - 인권적 접근

기본적으로서 무슬림 난민들은 '난민'으로서의 취약성을 가지고 있다. 기본적으로 근대국가의 성립 이후 인권은 국적을 근간으로 해서 부여되는 것으로 이해되어온 경향이 크다.[26] 즉, 인권을 정초할 안정적인 국적이 없다 보니, 국적에 근간을 둔 다른 인권도 현실적으로 잘 보장되기 어려운 것이다. 난민은 국적국으로부터의 보호는커녕 박해를 받는다. 난민신청을 한 협약국으로부터도 도움을 기대하기 어려운 것은 마찬가지다. 심사과정에서는

---

26 이와 같은 상황을 한나 아렌트는 소위 "권리를 가질 권리"라는 유명한 개념으로 표현하여, 난민들이 권리를 가질 권리조차 없는 사람임을 지적했다. 한나 아렌트, 『전체주의의 기원1』 박미애 외1 역, (서울:한길사 , 2006), 532-533.

사실상 사회권적인 면에서 아무런 조력을 받지 못하고, 설령 난민으로 인정을 힘겹게 받는다 하더라도 귀화하여 완전한 국적을 취득하기 전까지는 불안정한 경계인으로서 살아갈 수 밖에 없다. 한국 사회에서 살아가고 있는 소수자들(예컨대, 여성, 아동, 장애인, 성 소수자등)이 갖고 있는 어려움을 난민들은 모두 겸유할 수 있고, 그에 더해 '국민'조차 아니므로 받게 되는 차별이 심하다.

구체적으로 보면, 한국에 온 난민들은 난민신청을 하게 되면 기타(G-1-5) 비자를 받고 난민인정심사기간동안 즉, 인터뷰기간, 법무부에 대한 이의신청기간, 행정법원에서 대법원까지의 행정소송기간 동안 체류기간을 연장 받게 된다. 난민신청자에게는 위 난민인정심사기간 동안 강제퇴거당하지 않을 권리(난민법 제3조, 제2조 제4호), 매우 제한된 예산하에 생계비를 6개월에 한해 지원받을 수 있는 권리(난민법 제40조 제1항), 신청 후 6개월이 지나면 취업허가를 얻을 수 있는 권리(난민법 제40조 제2항), 초중등교육을 받을 수 있는 권리(난민법 제43조) 등이 부여된다.

그러나 최저임금에도 한참 미달하고 홍보도 부족하며, 통장을 만드는 데에도 많은 어려움이 있어서 대부분 신청조차 하지 않고 있는 생계비의 경우,[27] 사실은 취업허가가 나오지 않는 기간 동안 종교단체의 선의에 기대거나 미 허가취업을 감수하지 않는 한 필수적임에도 불구하고 위와 같은 문제에 더해 예산이 제한되어 있어 신청해도 받지 못하는 사람이 많다. 취업허가를 얻을 수 있어도 언어적 장벽 및 기타(G-1)비자 타입의 한계로 단순노무직 외에는 취업이 거의 불가능하고, 미성년자 자녀가 아닌 한 2-3년 정도 걸리는 난민인정심사 기간 동안 필요한 것은 고등교육이 대부분임에도 교육을 받을 수도 없다. 설령 의료보험료를 자부담할 의사가 있다 하더라도 지역의료보험가입자격도 부여되지 않으므로 의료보험의 보장을 받고 병원에 갈 수도 없다. 3.78%에 불과한 낮은 난민인정률을 감안할 때 쫓겨날 것을 예정

---

27 연합뉴스, "내년 난민생계비 지원 확대…1인가구 월 41만8천400원," http://www.yonhapnews.co.kr/ bulletin/2015/12/28/0200000000AKR20151228129300004.HTML, (2016년, 2월 5일 접속)

하면서도 불안한 마음에 2-3년 동안 유랑하며 지낼 수밖에 없는 것이다.[28]

설령 난민인정절차를 통과하여 난민으로 인정되어 거주(F-2) 체류자격을 얻은 이후에도 안정되지 않은 삶은 마찬가지다. 한국인도 살아가기 어려운 한국 사회에서 과연 쫓겨나지 않는다는 안정적인 자격을 얻었다고만 하여 평화로운 사회통합을 기대하기는 난망하다. 난민들의 취약성을 고려한 특별한 지원들은 전혀 이루어지지 않고 있다.[29] 사회일반의 인식과 달리 난민들이 3.78%의 장벽을 뚫고 난민으로 인정되었다고 하더라도 그들이 받는 것은 법적 자격과 난민인정증명서 한 장 뿐이지, 아무런 추가적인 경제적 지원은 전혀 없다. 많은 수의 난민들이 이방인으로서의 자기인식 속에서 귀화의 압력을 받게 되고, 촘촘하게 설계되어 있지 않은 한국의 여러 제도로 인해 법적, 사회적 장벽에 시달린다.

한편, 대부분의 시리아 난민들이 받고 있는 '인도적 체류' 자격(G-1-6)에 대해서도 살펴볼 필요가 있다. 인도적 체류자격은 '부여 기준'이 사실상 난민에 준하는 보호가 필요한 사람들에게 부여되어야 하고, '권리' 역시 난민에 준해야하는 것임이 국제적인 기준임에도, 한국은 제도를 이처럼 운영하고 있지 않은 상황이다.[30] 더욱이 빈약한 권리보장에도 불구하고, 대부분의 인

---

28 난민법이 시행되기 5년 전 법무부의 연구용역을 통해 조사되었던 난민 등의 실태조사 보고서에서도 "취업 및 노동조건, 주거, 건강 및 의료, 교육지원 분야와 같은 사회권, 문화권"의 문제를 지적하였는데, 지금 현재 난민법의 시행된 이후에도 생계비 지원조항, 종전의 취업허가 신청가능기간이 난민신청시점으로부터 1년 후에서 6개월 후로 줄어든 것 외에는 사실상 별로 바뀐 것이 없다. (법무부, "한국 체류 난민 등의 실태조사 및 사회적 처우 개선을 위한 정책 방안,"2010년, 227-237.

29 예컨대, 북한이탈주민의 경우 국제법적으로 난민(Refugee)의 범주에 해당한다. 다만 북한이탈주민이 남한에 도착했을 경우, 현재의 법률해석에 따라 북한국적이 확인되면 남한국적을 동시에 보유하는 것으로 해석하고 있기에, 난민이 아니라 대한민국 국민으로서 다뤄진다. 이에 이후 여러 정책적 고려가 반영된 북한이탈주민의 보호 및 정착지원에 관한 법률에 따라 정착지원금 등 통상적인 난민과 다른 지원이 이뤄지고 있는 것이다.

30 관련 법제를 종합하면 인도적 체류지위를 받은 난민의 경우 강제송환당하지 않고, 매회 1년의 범위내에서 체류기간 연장이 가능하고, 취업활동 허가를 미리 받은 이후 계약서를 제출하는 등의 지침상 편의를 제공받고, 외국인근로자 등 소외계층 의료서비스 지원 등에 따른 의료지원이 가능하며, 5년 이상 거주할 경우 귀화신청이 가능하다. 그러나, 보충적 보호[Complementary Protection 또는 Subsidiary Protection. 난민협약이 포괄하지 못하고 있는 보호필요성이 있는 외국인에 대한 보호를 규정한 '고문 및 그 밖의 잔혹한. 비인도적인 또는 굴욕적인 대우나 처벌의 방지에 관한 협약(Convention against Torture and Other Cruel, Inhuman or Degrading Treatment or Punishment)'등의 기타 협약의 보호를 받는 경우를 일컫는다]에 관한 처우는 인정난민의 그것과 다를 수 없다. 실제로 현행 난민법의 입법초안은 난민의 권리 조항을 인도적 체류자의 권리조항에 그대로 준용토록 하고 있었다. (김종철 외1, "난민법 입법과정과 제정법의 의의 및 향후 과제," 『공익과 인권』 제12호 (2012

도적 체류 허가를 받은 무슬림 난민들은 이와 같은 권리가 있는지 조차도 이해하지 못한 채 송환될까 두려워 체류기간 연장시 출입국관리사무소를 직접 방문하기를 꺼리고,[31] 기타 아무런 혜택도 누리지 못한 채 두려움 속에 살고 있다.

2) 무슬림 난민들에 대한 이중적인 두려움의 벽: '무슬림', '난민' - 사회적 접근

관련 법 개정, 제도개선, 주무부서의 제도운영 개선 등을 통해 변화를 요청할 수 있고, 실제로 비록 더디지만 여러 인권단체들이 오랫동안 그렇게 일해오고 있다. 다만, 무슬림 난민들이 현재 겪고 있는 또 다른 해결하기 어려운 어려움은 다분히 사회적인 것이다.

인종주의적 양상보다는, 외국인혐오(Xenophobia) 양상으로 전개되어 왔던 배타적인 한국 사회의 태도는, 소위 IS의 발흥 이후로 이슬람과 테러집단을 동치시키며 새롭게 무슬림혐오(Islamophobia)의 양상으로 발전되어오고 있다.[32] 기존의 무슬림혐오는 소위 '공격적인 무슬림 국내 선교전략의 존재'등을 전제한 일부 기독교인들에 의해서 발현된 경우가 많았는데, 최근에는 이와 같은 양상이 전사회적으로 확산되고 있는 상황이며, 특히 반다문화진영을 중심으로 전개되어오던 외국인혐오, 난민혐오의 기존 양상이'무슬림 난민들이 한국에서 잠재적인 테러리스트가 될 수 있다'라는 형태의 무슬림혐오로 발전되어가고 있는 것으로 보인다. 이와 같은 상황은 실제로 ㉠ 무슬림 난민들이 한국 사회에서 살아가면서 다양한 형태로 "너 IS 아니야", 심지어 농담으로 " 너 테러리스트 아니야? " 라는 이야기를 반복해서 듣게 되는 것이

년), 178.-179).

31 피난처"국내 인도적체류허가 난민의 실태조사 보고서,"2015년, 14.

32 국내에도 관련 선행연구가 전혀 없는 것은 아니나, 대체로 그 연구성과들은 서구에서 이미 오랫동안 진행되어온 이슬람(무슬림)혐오를 분석한 것이 대부분이고, 최근 몇 년간 국내에서 일어나고 있는 상황을 본격적으로 질적, 양적연구를 통해 분석한 논문 등은 찾아보기 어렵다.

나, ⓛ 사정기관에서 무슬림 테러리스트를 적발하였다는 뉴스를 법원의 확정적 판단 이전에 계속해서 내보내는 것, ⓒ 소위 '할랄' 식품 단지에 대한 반대 등에 대한 여론이 예전과 달리, 당연히 반대해야하고 반대운동을 수긍할 수 있는 것처럼 여겨지고 있는 것 등을 통해서 확인할 수 있다.

난민혐오(Refugeephobia)[33] 역시 새롭게 작동하고 있다. 난민혐오는 무슬림혐오와 마찬가지로 과거에는, 반다문화진영의 의제나 사이버 공간에서의 댓글과 같은 형태로만 표현되어 왔었다. 그런데 2015년 이후 난민들을 보호의 대상으로 그리는 것이 아니라, '난민을 수용국의 짐'으로 그리거나, '정책의 수동적인 대상'으로 그리거나, 확인되지 않은 사실을 기초로 '난민을 잠재적인 범죄자'로 그리고 있는 수많은 유럽발 언론 보도 등은 여과되지 않은 상태로 한국에 난민에 대한 부정적인 인식을 만들어 내고 있고, 이에 최근의 국내의 사정정국은 '난민 신청자들의 상당수가 가장난민'이라거나, '난민신청 브로커 적발'[34]과 같은 형태로 난민들 자체에 대해 부정적인 인식을 더하는 언론 보도들을 양산하여 유럽의 난민혐오의 칼끝을 국내 체류 중인 난민들에게도 돌리고 있는 실정이다.

구체적인 내용의 평가와 적부를 넘어, 한국에 체류하고 있는 개별 무슬림 난민들은 자국을 떠나와 돌아갈 곳이 없다는 공포에 더해, 한국 사회에서도 '무슬림 혐오', '난민혐오'와 같은 이중적 장벽을 최근에 새롭게 느끼며 자신은 환영받지 못한다는 것을 느끼며 기댈 곳을 잃어갈 수 있는 것이다.

3) 복음에 대한 어려운 접근성 - 종교적 접근

무슬림 난민들은 종교적 접근 역시 어렵다. 향후 상세한 연구가 필요할 것이나, 무슬림 난민들은, 난민과 무관하게 기존의 국적, 민족적 공동체에

---

33 "Refugeephobia"는 아직 확립된 용어는 아니고, 유럽의 언론 등에서만 언급되고 있으나, 소위 2015년 이후 시작된 유럽 난민위기에 대한 반작용으로 실제로 형성되고 있는 개념이다.

34 경향신문, "선교 명목으로 입국해 난민 신청 브로커한 파키스탄인 구속기소," http://news.khan.co.kr/kh_news/khan_art_view.html?artid=201601310948121, (2016년, 2월 5일 접속).

기반해서 모여살고 있는데, 이들의 각 국적, 민족적 공동체에 기반을 둔 한국 기독교계의 접근은 사실상 거의 없는 편이다.[35] 2015년의 세계적인 난민 위기가 발생한 이후, 유럽교회들의 대응들을 살펴보며 국내, 해외의'난민선교'에 한국 교회가 어떤 역할을 해야 할 것인가에 대한 논의를 이제야 새롭게 시작하고 있는 정도다.[36]

사실상 국내 체류 외국인에 대한 기존 기독교계의 접근은 ㉠국내 이주노동의 오랜 역사에 맞게 이주노동자들에게 초점을 맞추었던 경우, ㉡국내 외국인 유학생들에게 초점을 맞춰왔다. 이에, 난민에 대한 인식의 부재, 이주노동자의 전체 통계에 비해 매우 적은 난민들의 숫자와 같은 요소가 결합되어 난민은 한국 교회에서 별도의 구분된 선교적 대상으로 여겨지지 않았다. 즉, 난민선교도 이주민선교의 틀 안에서만 논의되어 왔다고 평가할 수 있을 것이다.

그러나 물론 이주자(Immigrants)와 난민(Refugees)의 경계가 법적 개념과 달리 현실에서 아주 명확하게 나뉘지 않는 지점이 있는 것은 사실이나, 취약한 이주자의 지위에 더하여 난민은 돌아갈 곳이 없는 보다 절박한 상태에 처해있는 점 등을 고려하면 난민의 특성을 고려한 별도의 구분된 접근이 필요하며, 한편으로 특히 무슬림 난민들이 처한 국가별, 민족별 배경에 따른 구분된 접근 역시 필요하다.

예컨대 첫째로, 한국에서 최근 급증하고 있는 시리아 등 아랍권 무슬림 난민들의 경우, 우선 아랍어라는 높은 언어의 장벽과, 기약은 없지만 내전이 종료되면 돌아갈 수도 있다는 내심의 의사 등이 결합되어 한국에서 새롭

---

35 물론, 난민인권단체 중 기독교 단체로서의 선교적 색채를 명확하게 부각하며 활동을 펼치고 있는 피난처(www.pnan.org)가 있고, 이주노동자들에게 초점을 맞추어 사역을 하다가 주로 이란인 난민들을 돕고 난민을 해외선교사로도 파송한 나섬교회(www.nasomchurch.com)와 같은 경우가 없는 것은 아니다.

36 2015년 5월 8일 명성교회 월드글로리아센터 방지일홀에서 열린 제8회 국제이주자선교포럼(International Forum For Migrant Mission, http://ifmm.kr/)의 주제는 "세계의 난민과 이주자 선교"였고, 위 자리에서 난민에 대한 신학적 접근(안교성 교수), 한국의 난민정책(김태수 사무관), 세계의 난민사역(그리스 양용태 선교사, 시리아 이중덕 기자, 독일 Dr. Vimalasekaran), 한국의 난민사역(피난처 이호택 대표, 아프리카 Emmanuel)와 같은 발표가 논의되었는데, 공개적인 형태로 난민과 선교를 연결시켜 논의한 자리는 최초였던 것으로 보인다.

게 장기체류를 예상하며 안정적인 정착을 시도하기 매우 어렵고, 한국 사회 안에 충분한 통합되기가 쉽지 않은 특성을 가진다. 특히 이들의 경우 기존에 이주노동자들의 형태로 한국에 체류하고 있던 국가적, 민족적 커뮤니티가 사전에 활발히 형성되어 있는 것도 아니어서 사실상 매우 좁은 형태의 교제권 안에 살아간다. 이들이 만나고 접하는 한국 사회는 매일 출근하게 되는 공장 등지의 일터, 시장 그리고 이태원 등지의 모스크 등이 사실상 전부여서, 한국 사회가 아니라 한국 안에 존재하는 난민사회 안에서 살아가는 것이다. 아랍권 무슬림 난민들의 경우 아랍어를 구사하는 사역자가 존재하거나, 이들의 구체적인 필요와 맞닿은 형태로 모임과 공간을 개방하는 특수한 활동 그리고 이들의 절박성과 특수성이 고려된 섬세한 접근이 가능한 곳이 없는 한[37] 이들이 기독교와 같은 새로운 종교에 접근하는 것은 불가능한 것이다.

둘째로, 독특하게도, 내전을 배경으로 하여 난민신청을 한 주로 아랍권 무슬림들을 제외하면, 파키스탄 등의 무슬림 난민들은 '기독교 개종자'로서의 정체성을 난민사유로 주장하고 있는 경우가 많아서 또 다른 접근이 필요하다. 이들의 경우 이주노동자로서의 민족적 커뮤니티가 사전에 형성되어 있는 편이어서, 이주노동자 선교의 틀 안에서 접근이 가능하다. 그러나 행정당국은 특정국가에서 일어나고 있는 기독교 개종자들에 대한 박해의 국가정황정보(Country of Origin Information)을 인정하면서도, 이들의 주장 대부분을 '진정한 개종의 의사 없이 체류연장 목적으로 가장하여 난민신청을 하였거나,' '설령 진정한 개종의 의사가 있다고 하더라도 국적국 정부가 이를 주목하여 박해할 만한 행동을 한 것으로 보지 않는' 등의 판단을 내려 난민지위를 부정하고 있다. 개종의 진정성을 과연 인터뷰의 질문만으로 판단할 수 있는지는 의문이지만, 한편 진정한 회심 없이 난민신청을 하는 경우도 없지는 않다. 이들은 아랍권 무슬림 난민들과 달리 대부분 한국의 교회에 정기

---

37 그러나 이와 같은 형태의 사역은 통상적인 형태의 지역교회에 기대하기는 매우 어려운 것이 분명하다.

적, 비정기적으로 출석하거나 하여 연결지점을 갖고 있고, 무슬림의 배경을 갖고 있지만 사실 기독교인이기도 한데, 통상적인 신도들과 다른 문화, 언어 등을 갖고 있어 통합이 간단치 않기에, 지역교회에서도 이들에게 '세례'를 주고 선교의 열매로 해석하려는 단회적 시도 외에 이들을 품고 같은 공동체의 지체로서 장기간 돌보는 사역은 찾아보기 쉽지 않다. 이에 이들에게 필요한 접근은 오히려, '이들의 신앙고백이 진정한 것일까'와 같은 소위 난민심사관적 의심의 태도로 접근이 아니라, 이들의 신앙고백의 수준과 진정성의 정도 차이에도 열린 마음으로 기다리고 품어주며 필요를 돌보는 '목회적 접근'이 필요한 형편이다. 난민교회가 난민 목회자가 배출되어 직접 선교활동을 수행하지 않는 한, 과도기적인 이 같은 교회측에서의 적극적인 노력은 불가피하다. 결국, 위와 같은 두 가지 유형의 무슬림 난민들에 대한 독특한 접근이 준비되지 않을 경우 국내 체류 무슬림 난민들은 여러 가지 취약성에도 불구하고 기독교와 같은 새로운 종교에 대해서 접근할 수 있는 길이 없다.

IV. 국내 체류 무슬림 난민에 대한 교회의 바람직한 태도

무슬림 난민에 대한 한국 교회의 바람직한 태도는 결국 국내 체류 무슬림 난민들에게 분석된 세 가지 취약성을 고려하여 역시 세 가지로 다시 분석해 볼 수 있다.

1. 무슬림 난민을 이해하고 인권을 옹호하는 것 – 인권적 접근

가장 먼저 요청되는 것은 '난민' 자체를 이해하는 것이다. 10여년 이상 정부 주도로 계속된 다문화정책과 사회일반의 인식사이 괴리는 차치하고서라도, 실제로 한국 사회는 난민들을 전혀 모른다. 한국 교회 역시 마찬가지다. '그들이 왜 난민이 되었는지', '그들에게 어떤 어려움이 있는지'를 구체적으로 이해하는 것이 필요하다. 그들의 어려움과 공포를 공감하지 않는 상태에서 이루어지는 선교는 오히려 부작용을 일으킬 것이기 때문이다.

난민을 이해하기 위해서는 내용적으로는 난민들이 처한 상황과 어려움을 듣는 것과, 그들의 인간으로서의 이야기 두 가지를 들어야 한다. 구체적으로는 두 가지 방법이 가능하다. 첫째, 국내에 체류 중인 무슬림 난민들 중 접촉이 가능한 난민을 만나 선교적 직무의 대상으로서만이 아니라, 그들이 주체적으로 자신들의 어려움과 필요를 언급하고 말할 수 있는 기회를 교회가 부여하고 직접 청취할 필요가 있다. 자신의 삶의 이야기를 하는 기회를 부여하는 것 자체가 많은 트라우마 속에 시달렸던 난민들에게 치유적 효과 역시 부여한다. 무슬림 난민을 교회에서 초청하여 이야기를 듣는 것은 충분히 가능하다. 둘째, 그들이 겪고 있는 국내에서의 제도적 공백과 어려움들을 해결하기 위해 활동하고 있는 활동가들의 이야기를 통해 간접적으로 이야기를 듣는 방법이 있다. 활동가들을 통해 난민들의 실상, 한국 제도의 실상을 접하고, 그들의 이야기를 듣는 것 또한 난민들을 이해하는 데에 좋은 방법이 된다.

어느 사회에서나 난민들은 보호를 기대할 국가조차 존재하지 않는 가장 취약한 소수자들이고, 바로 그들의 곁에서 함께 목소리를 내고, 그들의 권리를 보장하기 위해 함께 연대하는 것은, 그 자체로 이 땅에서 하나님 나라의 도래를 위해 일하는 방법이 되며, 가장 취약자들의 인권을 보장하는 것이, 사회구성원 모두의 인권을 탄탄히 보장하는 초석이 된다.

2. 공포와 두려움이 아닌 환대를 실천하는 것 – 사회적 접근

또, 교회가 해야 할 가장 중요한 것은 '환대'의 모범을 보이는 일이다. 무슬림 혐오와 난민혐오는 앞으로 더욱 다양한 형태로 결합되어 한국 사회에서 나타날 것으로 보이기에, 무슬림 난민들을 환대하여 한국 사회에 적응하여 사회통합을 이룰 수 있도록 도와주는 것이 긴급하게 요청된다.[38] 근대국

---

38 한국일 교수는, 망명자(난민)들을 오랫동안 섬겨온 독일교회의 선교적인 이주민들에 대한 다문화

가의 성립이후 굳건해진 국가의 경계는, 당국으로 하여금 난민을 환영하지 않게 한다. 유능한 인재 및 경제소비력이 높은 외국인의 입국은 환영하지만 난민의 입국은 환영하지 않는다. 국가가 환영하지 않음으로 인해 배제되고 경계 속에 내몰린 난민들에 대한 환대는 그간 국가가 아닌 시민사회가 책임져왔고, 서구의 경우 그 많은 부분은 교회가 담당해 왔다.

그런데, 앞으로는 소위 '테러'의 위험이란 근원 없는 공포가 향후 우상적인 실체로 작동할 국가에 의해 전가의 보도로 활용되어 난민들을 희생양으로 삼아, 난민들 그리고 시민들을 향해 작동할 것으로 예상된다.[39] 국가의 체포를 피해서, 전쟁의 잔인한 상흔을 눈앞에서 경험한 채, 가족들과도 이별하고 뿔뿔이 흩어져, 테러의 위험을 피해서, 죽음의 경계를 피해서 온 난민들을, 갑자기 테러리스트라며 몰아붙이는 것처럼 비극적이고 잔인한 일도 없다. 그리고 그러한 형태로 희생양을 만들어, 시민들을 두려움에 굴복시켜 용이하게 통치하도록 이용하는 것처럼 악한 일도 없다. 구체적으로 확인되지 않은 사실들, 더욱이 언론 등을 통해 재생산되고, 그 정보의 출처마저 부정확한 방법으로 난민들의 존재자체를 범죄화하거나 사회의 부담으로 여기는 담론이 점차 증가하게 될 때, 하나님의 형상으로 창조된 존귀한 피조물이자, 예수 그리스도께서 그들을 위해 십자가에 달리신 난민들의 옆에 서서 그들을 보듬고 성서적 환대를 베푸는 것은 앞으로 한국 사회에서 교회의 가장 중요한 직무가 될 것이다.

선교활동을"A. 사회적응을 돕는 활동으로의 선교, B. 타종교인들과 이웃으로서 평화로운 공존과 대화 모색, C. 망명자들의 인권보호와 돌봄을 위한 선교활동, D. 독일 이주민 교회들과의 협력을 통한 선교: 에큐메니칼 협력관계에 기초"로 정리한다. (한국일, "다문화 이주민 선교: 독일교회 사례를 중심으로," 『선교와 신학』, 제29집(2012년 2월), 65-91), 현재 한국의 맥락에서 무슬림 난민들을 돕기 위해서는 이주민 비율이 극히 낮은 한국 사회에의 어려운 통합가능성을 고려하고, 낮은 난민인정률로 인한 강제송환의 위협과 빈약한 난민제도의 권리보장을 고려할 때 교회가 A., C.의 역할에 집중하여 매진할 필요가 있을 것이다.

39 이미 많은 국가들에서 테러의 위험을 이유로 들며 난민들의 유입을 막거나, 영장 없는 감청 등을 입법화하기 시작했다. (Kenneth Roth, "Twin Threats- How the Politics of Fear and the Crushing of Civil Society Imperil Global Rights Human Rights Watch," *World report 2016*, https://www.hrw.org/world-report/2016/twin-threats, 2016년, 2월. 5일. 접속).

3. 난민 위기를 선교의 기회가 아닌 선교의 책임으로 인식하는 것 – 종교적 접근

마지막으로 종교적인 접근이 차단되어 있는 무슬림 난민들을 바라볼 때, 교회의 태도는 지금 전례 없이 발생하고 있는 난민의 위기를 선교의 기회가 아니라 선교의 책임으로 인식하는 것이 되어야 한다. 난민들이 국적국을 떠나 유랑하게 된 것, 뿌리내릴 곳 없이 경멸당하며 사는 삶은, 그들에게 가장 큰 '비극'이다.

그런데 무슬림 난민들이 가장 큰 비극을 경험한 상황에 대해 그들이 국외로 나와 복음에의 접근성이 높아졌다는 점을 들어 선교의 기회가 열렸다고 평가하는 것이나, 이와 같은 모든 일이 하나님의 뜻이라고 만연히 인식하는 것은 설령 하나님의 경륜의 헤아릴 수 없는 깊이를 고려한다 하더라도 사안의 일면만 평가한 것이며 결코 정당화될 수 없는 시각이다. 오히려 난민이 발생하게 된, 전쟁과, 박해를 발생케 한 인류의 죄악을 함께 회개하고, 그 같은 과정을 통해 발생한 난민들의 헤아릴 수 없는 고통에 우선 공감하고 그들을 위로 하여야 한다. 그렇지 않을 경우 그들을 복음전파의 객체로 여겨 영적 필요는 긍정하면서도 동시에 육적 필요는 멀리하여 사회적인 짐과 부담으로 여기는 역설적인 시각도 나타날 수 있다.[40] 한국 사회는 앞으로 더욱 더 잔인해질 것이고, 가장 목소리를 내기 어려운 난민들은 더욱더 경계로 몰리고, 발 딛을 땅을 점차 상실해 갈 것이다. 이러한 상황에서 그들을 우리의 형제, 자매로 인식하고, 우리들의 몸의 일부로 받아들여 함께 책임을 지는 것, 그것이 보다 정의로운 태도일 것이다. 난민 위기는 선교의 기회가 아니라 선교의 책임으로 이해되어야 한다.

---

40 사실 이 같은 태도는 교회 뿐 아니라 국가들에서도 발견된다. 많은 국가들이 난민들의 지원을 위해 지원금은 내지만, 난민들을 자국으로 받아들이려 하지는 않는다.

V. 결론

무슬림 난민 그리고 더 나아가 난민 일반에 대해 한국의 교회는 그 오랜 수용의 역사에도 불구하고, 한국 사회에서'보이지 않는 사람들'로 존재하고 있는 그들에게 어떻게 다가가야 할지 충분한 길을 찾지 못했다. 그러나 비단 난민제도가 운용되고 있는 것을 넘어, 복음에 대해 들어보거나, 경험해본 기회가 없었던 무슬림 난민들이 전쟁의 고통과 수많은 곤경을 몸에 짊어진 채 한국 사회에 이미 유입되어 살고 있고, 분쟁의 항구화를 고려하면 앞으로 이는 더욱더 늘어날 것이다. 인권적 측면, 사회적 측면, 종교적 측면에서 한국 사회에서 많은 어려움과 장벽을 겪고 있는 무슬림 난민들을 더욱 깊이 이해하고, 그들의 필요에 응답하고, 선교적 사명을 바르게 감당하기 위해 한국 교회는 더 분연히 노력하여야 한다. 자신이 스스로 애굽으로 박해를 피해 떠나셨던 난민이셨던 예수 그리스도께 더욱 바르고 분명하게 충성해야할 숙제가 한국 교회 앞에 놓였다.

● 참고문헌

김종철, "난민 관련 한국 법규정과 판례의 비판적 분석: 1951년 난민의 지위에 관한 협약 제1조 A(2)와 관련하여." 석사학위논문, 고려대학교 법학대학원, 2015.

_____ 외 1, "난민법 입법과정과 제정법의 의의 및 향후 과제." 『공익과 인권』 제12호 (2012), 135-187.

법무부, "한국 체류 난민 등의 실태조사 및 사회적 처우 개선을 위한 정책 방안." 2010.

이 일, "한국 내 시리아 난민 수용의 제 문제 : 현황, 심사, 처우에 관하여." 『더 미래 연구소 IF Report』, (2015, 7).

정인섭, "한국에서의 난민 수용 실행." 『서울 국제법연구』, 제16권 제1호, (2009), 197-222.

최신일 외1, "한국 교회 이주민 선교 실태 및 선교 방향성 연구." 『신학과 실천』, 제 43호(2015, 2), 595-622.

피난처, 『국내 인도적체류허가 난민의 실태조사 보고서』.

한나 아렌트, 『전체주의의 기원1』, 박미애 외1 역, 서울: 한길사, 2005.

한국일, "다문화 이주민 선교: 독일교회 사례를 중심으로." 『선교와 신학』, 제29집, (2012, 2), 57-91.

경향신문, "선교 명목으로 입국해 난민 신청 브로커한 파키스탄인 구속기소."http:// news.khan.co.kr/kh_news/khan_art_view.html?artid=201601310948121, (2016년, 2월 5일 접속)

난민인권센터, "국내 난민현황(2015. 5. 31.)."http://nancen.org/1402, (2016년, 2월 5 일 접속).

연합뉴스, "내년 난민생계비 지원 확대…1인 가구 월 41만8천400원."

http://www.yonhapnews.co.kr/bulletin/2015/12/28/0200000000KR20151228129300 004. HTML (2016년, 2월 5일 접속).

출입국외국인정책본부 "통계월보 2015년 12월호," http://goo.gl/lengzp(2015년, 2월 5일 접속), 5.

출입국외국인정책본부, 보도자료 -"미얀마 재정착 난민, 대한민국 품에 안기다." http://goo.gl/5kZEyl, (2016년, 2월 5일 접속).

Kenneth Roth, "Twin Threats – How the Politics of Fear and the Crushing of Civil Society Imperil Global RightsHuman Rights Watch." *World report 2016* https://www.hrw.org/world-report/2016/twin-threats (2016년, 2월 5일 접속).

NPR, "U.N.: Syrian Refugee Crisis Is 'Biggest Humanitarian Emergency Of Our Era'." http://www.npr.org/sections/thetwo-way/2014/08/29/344219323/u-n-syrian-refugee-crisis-is-biggest-humanitarian-emergency-of-our-era(2016년, 2월 5일 접속).

Reuter, "Asylum seekers in Japan reach record 7,586 in 2015; 27 accepted." http://www.reuters.com/article/us-japan-immigrants-idUSKCN0V10E7(2016년, 2월 5일 접속).

Washingtonpost, "German churches tone down refugee welcome as problems mount." https://www.washingtonpost.com/national/religion/german-churches-tone-down-refugee-welcome-as-problems-mount/2016/02/12/097c2af0-d1bf-11e5-90d3-34c2c42653ac_story.html (2016년, 2월 13일 접속).

UNHCR, "UNHCR Mid-Year Trends 2015," http://www.unhcr.org/56701b969.html (2016년, 2월 5일 접속).

UNHCR, "UNHCR Global Trends 2014 – Forced Displacement in 2014." http://unhcr.org/556725e69. html(2016년, 2월 5일 접속).

최종 정착국에서의 난민 사역 사례

최규진*

* 미국 오레곤주 빌리지 침례교회(Village Baptist Church)한인사역 담당 목사

● **ABSTRACT**

Paul Kyu-Jin Choi

The purpose of this research is to conduct a case study of a local church in North America to describe opportunities and challenges that local churches in North America have, responding to the global refugee crisis and influx of Muslim-background refugees into the local regions. To best serve the purpose of the research, the researcher employed an appreciative inquiry method to describe the case. There were four research questions: (1) From the perspective of the current purpose, what is the history and vision of the case church; (2) How has the case church responded to the global refugee crisis; (3) What missiological themes and implications for refugee ministry in North America can be learned from the case; and (4) What are the potential strategies for future refugee ministries in North America?

Village Baptist Church, in Beaverton, Oregon, is an intentional multicultural church, which transformed from a homogeneous church in the early 1990's in order to reflect the local demography. It has actively participated in refugee ministries globally in the Levant in partnership with various Arab-based organizations, and also in the local neighborhood for over a decade.

Reflecting on its past experiences, some missiological reflections and implications were made: (1) urgency and privilege of participating in refugee ministry; (2) significance of holistic ministry; (3) necessity of establishing a Christology in the refugee context; (4) necessity of establishing an ecclesiology in the North American refugee context; (5) consideration of diaspora missiology; (6) creating a synergy of global and local ministries; and (7) current state of North American church in a culture of Islamophobia. At last, the researcher introduced a practical strategy to mobilize and equip a local church for refugee ministries.

- Key words: Misisonal church, Multi-cultural church, Refugee ministry, Korean-
  American
- 주요주제어: 선교적 교회, 다문화적교회, 난민사역, 한국계 미국인

Ⅰ. 서론

　　기독교인과 무슬림 간의 관계에 있어서 우리는 분명히 특별한 상황을 맞이하고 있다. 종교와 정치적인 요인들로 인해 '창의적 접근' 지역으로 오랫동안 구분되어오던 아랍권에 이전에는 없었던 새로운 봄의 바람이 불어왔고, 이는 아랍권 내의 무슬림들의 삶은 물론, 아랍권 바깥의 많은 비무슬림들의 일상에도 대단히 의미 있는 변화를 가져오고 있다. 그 중에서도 가장 주목할 만한 현상은 국제적인 난민 사태라고 여겨진다. Refugee Highway Partnership에 의하면 2015년 초부터 현재로, 국내 실향민 (Internally Displaced People)을 포함하여, 약 5,950만명의 인구가 위협과 핍박과 같은 강제적이고 외부적인 요인으로 인하여 고향을 떠난 난민이 되어있고, 이는 전 세계 인구에 약 1%에 달하는 숫자이다.[1] 아일란 쿠르디 (Aylan Kurdi) 사건은 이러한 난민 사태에 대한 전 세계적인 이목을 집중 시키는 것에 결과적으로 중요한 역할을 하였고, 이러한 사태에 대한 반응들, 특별히 서방의 반응들은 다양하다 못해 복잡하다. 온정주의적인 반응이 있는가 하면, 이슬라모포비아 (Islamophobia)적인 반응이 극도에 달하기도 하고, 무슬림들에 대한 각종 루머들이 온라인상에서 난무하며, 기독교인과 무슬림 관계 대한 논의가 전 세계적으로 그 어느 때보다 뜨겁다. 고무 보트를 타고 레스보스 (Lesbos) 섬을 향해 바다를 건너는 난민들과 함께 무슬림들은 유럽을 중심으로 한 서방 국가들에 더 가까이 다가섰고, 이를 통해 선교하는 하나님께서는 난민을 통해 무슬림들을 서방의 기독교인들에게 '창의적으로 접근' 이 가능하게 하셨다.

　　이 글의 목적은 북미의 한 교회에서 목회를 하고 있는 지역교회 목회자의 입장에서, 필자가 섬기고 있는 빌리지 침례교회의 사례 연구를 통해, 이러한 국제적 난민 사태가 북미에 위치한 지역교회에게 가져다 준 하나님 나라를 위한 실질적 기회와 도전들을 분석하는 것이다. 빌리지 침례교회를 연구 사례로 선택한 이유는 이 사례가 다른 사례들보다 특별하기 때문이 아니라, 필

1　http://refugeehighway.net (2016년 2월 14일 접속)

자가 반성적 실천가 (Reflective Practitioner)로서 나눌 수 있는 비교적 가장 익숙한 사례이기 때문이다. 이 사례 연구의 목적에 가장 부합하기 위하여 기본적으로 긍정적 평가 탐구법 (Appreciative Inquiry)을 사용했고, 다음과 같은 네 가지의 연구 질문을 갖는다. (1) 본 글의 목적과 관련하여, 빌리지 침례교회는 어떤 역사와 비전을 갖고 있는 교회인가? (2) 빌리지 침례교회 입장에서 난민 상황은 어떤 의의를 갖고, 난민 사역에 그 동안 실제적으로 어떻게 참여해왔는가? (3) 북미 난민 사역에 있어서 고려해야 할 선교학적 주제와 함의들은 무엇인가? (4) 앞으로 어떤 과정들을 거쳐서 난민 사역을 지속해 나갈 것인가. 이 사례가 최종 정착국에서의 모든 난민 사역의 사례들을 대변할 수는 없지만, 난민 사역에 참여하고 있는 다른 반성적 실천가들과 향후 난민 사역에 참여하고자 하는 기독교인들에게 소소한 통찰들과 유효한 질문들을 시사하기를 바란다.

II. 21세기 선교적 교회의 한 모습으로서의 다문화 교회: 빌리지 침례교회 사례

먼저 이 글의 목적에 입각하여 빌리지 침례교회[2]는 어떤 역사와 비전을 갖고 있는 교회인지를 살펴보고자 한다.

1. 다문화 교회로서의 역사

미국 북서쪽 오레곤주 포틀랜드 광역인 비버튼에 위치한 빌리지 침례교회 (Village Baptist Church)는 마크 데이마즈(Mark DeYmaz)가 엮은 *Leadership Network Innovation Series*의 *Building a Healthy Multi-Ethnic Church*라는

---

2 빌리지 침례교회 홈페이지: http://www.vbconline.org

출판물에서 이미 자세하게 소개된 적이 있다.[3] 1949년 창립된 비버튼 지역의 한 백인 교회였던 빌리지 침례교회는 1980년대 후반에 들어서면서 심각한 고민에 빠지게 되었다. 지역 신문인 *The Oregonian*에 지역 사회의 인구 통계 (Demography)가 소개된 적이 있는데, 다인종화 되어가고 있는 지역 사회의 급진적 변화에 반하여, 빌리지 침례교회는 백인들로만 구성된 교회임을 자각했기 때문이다. '교회는 반드시 지역 사회의 모습을 반영해야 한다'라는 공감된 가치관이 공동체의 기도가 되었고, 하나님의 인도하심을 구했다. 그러한 기도가 시작되었을 1991년도 무렵, 마침 빌리지 침례교회에 갓 참석하기 시작한 30대 후반 공대 출신의 한 젊은 한인 부부가 있었는데, 그들을 통해 한 두 가정씩 교회에 참여하게 되고, 이내 그들은 작은 그룹을 이루게 되었으며, 이는 빌리지 침례교회가 다인종-다문화 교회로 나아가는 초석이 되었다. 한국어에 능통한 전문 목회자가 있었던 것이 아니지만, 자연스럽게 모이게 된 한인들은 빌리지 침례교회의 리더십의 관심과 상호 배려에 힘입어, 빌리지의 일원이면서 동시에 자체적이고 자연스러운 모임을 병행해나갔다. 전체 교회의 일원이지만 반드시 필요한 경우라고 공감이 되면, 주중 예배나 목장모임과 같은 한국어 모임을 가졌다. 점진적으로 한인들의 숫자가 늘어나고, 한인들의 소그룹 모임인 목장이 40개가 넘을 정도로 사역의 필요 규모가 커지면서, 그 과정에서 그 젊은 부부는 이중직 파트타임 사역자로 헌신하게 되었고, 수년 후, 풀 타임 목회자로 헌신하게 되었다. 추후 한인뿐 아니라, 히스패닉, 중국인, 인도인들이 비슷한 과정을 통해 모이면서, 빌리지 침례교회는 다문화 교회로 빚어지게 되었다. 현재 빌리지 침례교회의 주일 예배 출석 인원은 약 1,600명이고, 백인, 한인, 히스패닉, 중국인, 인도인의 공식 모임 (fellowship)이 있으며, 그 외에도 다른 문화 배경의 가정들이 있다. 현재 한국어를 사용하는 1세나 1.5세 한인 가정의 숫자는 약 160가정이다. 1대 한인 사역 담당 목회자는 2006년 풀 타임 이슬람권 선교사로 헌신했고,

---

3   Mark DeYmaz (ed), *Building a Healthy Multi-Ethnic Church: Mandate, Commitments and Practices of a Diverse Congregation* (San Francisco: Jossey-Bass, 2007), 164-181.

2대 목회자 역시 6년의 신실한 사역 후 이슬람권 선교사로 헌신했으며, 필자
는 3대 한인 사역 담당 목회자이며, 부임 이전에는 한동안 빌리지 교회의 성
도였다.

2. 다문화 교회로서의 비전

찰스 포스터(Charles Foster)에 의하면 북미에서 기성 교회들이 다문화 교
회로 전향하는 동기는 크게 네 가지이다.[4] (1) 생존을 위해서(quest for sur-
vival), (2) 친절함의 실천을 위해서(hospitality), (3) 복음을 전하기 위해서(gos-
pel commitment), (4) 신학적 비전 때문에(theological vision). 빌리지 침례교회
의 경우, '복음을 전하기 위해서'라는 구체적인 명목 아래 다인종 교회(multi-
ethnic church)에 처음 관심을 갖게 되었다. 미국 북서지방에서 처음으로 풀
타임 선교담당목사를 고용한 교회로, 해외선교에 대한 남다른 열정을 갖고
있었던 차에, 지역 사회의 타민족을 볼 때, 복음전도에 대한 열망이 매우 컸
던 것은 매우 자연스러운 일이었다. 하지만 한인들을 비롯하여 타민족들과
함께 교회됨을 추구해나가는 과정 중에, 다인종 교회 (multi-ethnic church)에
대한 비전이 변화하여 다문화 교회 (multi-cultural church)로서의 비전으로 구
체화 되었다. 다시 말해, '복음을 전하기 위해서'라는 목적으로 추구하던 것
이 향후에는 '신학적 비전 때문에'라는 명목으로 구체화 되어 발전 되었다는
것이다.

다인종 교회가 있고, 다문화 교회가 있는데, 이 둘은 서로 구분 되어야 할
필요가 있다. 북미에 다인종 교회는 꽤 많은데, 여전히 단일 문화 (multi-ethnic
but yet mono-cultural)인 경우들이 많다. 가령, 백인들과 동양인들이 공존하지
만, 여전히 백인 혹은 서구, 미국 문화를 지배적으로 공유하는 상황이다. 하
지만 다문화 교회는, 각 민족과 문화권의 문화와 신앙적 고유 유산과 전통들

---

4 Charles R. Forster, *Embracing Diversity: Leadership in Multicultural Congregations* (Washington, D.C.: Alban Institute, 1997), 8-11.

이 의도적으로 유지되고, 전수되고, 서로 상호작용하면서, 공생하는 교회를 가리킨다. 그 어떤 문화도 우월하거나, 열등하지 않으며, 가치가 있다는 것을 인정한다.

이것은 다회중 교회(multi-congregational church)와도 다르다. 한 지붕 아래, 여러 독자적인 회중들이 있어서 각자 독립된 공동체이지만, 그래도 명목상은 하나임을 인정하는 것이 다 회중 교회라면, 다문화 교회는 명목상의 하나 됨이 아니라, 진정한 하나 됨을 살아내기를 지향한다. 여러 다른 회중 공동체들의 하나됨을 추구하는 것이 아니라, 한 공동체 내에서의 다양성을 의도적으로 인정하는 것이 다문화 교회이다.

다문화 교회됨을 지향하는 빌리지 침례교회의 주일 예배는 모든 민족이 함께 드린다. 왜냐하면, 한 교회이기 때문이다. 오전에 영어 예배를 드린 후 백인들이 떠나고 난 공간에서 오후에 한인들의 한국어 예배가 있는 것이 아니라, 빌리지 교회의 예배는 모두 오전에 한 공간에서 드린다. 편의상 영어를 주 언어로 사용하기는 하지만, 그것은 당연히 영어를 사용해야 하기 때문이 아니라, 영어가 가장 공통적인 소통의 수단이 될 수 있기 때문이다. 영어가 자연스럽지 않은 문화권의 성도들을 위해서 예배에서 사용하는 모든 찬양곡이나 광고, 설교 등은 각 언어로 번역 혹은 통역된다. 그리고 여전히 과정 중에 있지만, 단순한 언어의 번역을 넘어서서, 각 문화권 고유의 영성이 함께 표현되고, 나누어지는 예배를 지향한다. 한 예로, 한국 기독교 문화를 따라, 모든 민족이 함께 통성 기도하는 것은 빌리지 침례교회에서는 어려운 일이 아니다.

하지만 동시에 각 문화의 고유 특수성을 의도적으로 유지하며, 전수하기를 지향한다. 한인 사역의 경우, 주중 수요예배나 새벽기도회, 목장모임 등의 모임은 한국어를 사용하는 모임들이다. 한국어를 사용하여 주중 모임을 갖는 이유는 그것이 한인들에게 가장 자연스러운 신앙의 표현이기 때문이다. 10명의 성도가 모였을 때, 9명이 백인이고, 1명이 한국인이라면, 비록 한국인이 영어로 기도를 인도할 수 있다 하더라도, 한국어로 기도하는 것을 선호하는 문화이다. 왜냐하면, 그것이 한인들에게 가장 자연스러운 신앙의 표현이고, 그 자체로의 가치가 있음을 알기 때문이다. 빌리지에서 모든 문화는 그 고유의 가치를 인정 받고, 유지되고, 전수되며, 상호 작용할 당위성을 갖는다.

이러한 노력들이 반영된 다문화 교회는, 다문화 교회로의 존재하는 동기가 단순히 타민족에게 복음을 전하기 위해서라는 수단임을 넘어서서, 신학적 비전이라는 순수한 목적을 유지한다. 요한계시록 7장에 기록된 하나님 나라의 모습이 반영된 종말론적 교회 공동체의 모습은, 모든 민족이 모여, 오로지 하나의 우월한 언어와 한 우월한 문화적 매체를 통해 예배하는 공동체의 모습은 결코 아닐 것이다. 오히려 그곳은 모든 민족, 모든 종족, 모든 방언, 모든 백성이 한데 모여, 각자의 문화와 표현들로 가장 자연스럽고, 가장 자유롭게 예배하는 현장일 것이다. 물론 조화를 이뤄가시는 하나님의 뜻 아래 말이다. 각 민족과 문화가 자신의 언어와 표현으로 삼위일체 하나님을 알아감이 복음의 다채로움이며, 우리는 나 자신의 문화권을 넘어서 타문화의 영성과 공존할 때, 하나님의 다채롭고 온전하심을 더 넓게 알아간다.

뿐만 아니라, 타자와 함께 있을 때, 자아가 누구인지 가장 잘 인지하게 되고, 그 가치가 살아나게 된다. 타자를 통해 나를 알아가고, 나를 지켜갈 때 비로소 다채로운 공존의 의미가 유효하다. 타민족과 밀접하게 공존하면서, 한인들은 한인으로서의 민족적 정체성을 자연스럽게 유지하게 되고, 유지할 동기를 부여 받는다. 디아스포라에게 가장 큰 도전 중 하나는 정체성 (identity) 확립임이 틀림 없다. 한인 디아스포라의 역사를 상고해 볼 때 그리고 한인 디아스포라의 교회론을 상고해 볼 때, 지난 한 세기 동안은 민족중심주의적 (ethnocentrism)이었던 부분이 많았다고 평가한다면, 이제는 민족중심주의를 탈피하고, 다문화적 방향성 (multi-cultural orientation)을 갖되, 민족적 정체성 (ethnic identity)을 고수하는 것에 집중함이 필요하다.[5] 이를 통해 한인 디아스포라는 세대가 지나도록, 정체성을 유지하게 될 것이며, 동시에, 고향을

5 Paul Kyu-Jin Choi, "Towards a Paradigm of Missional Ecclesiology for Korean Diaspora," D.Miss. dissertation, Western Seminary(2014), 191-192.

떠나 타지에 거하게 하신 이의 부르심을 살아낼 수 있게 되기 때문이다.

하지만 간과하지 말아야 할 사실은 다문화 교회됨은 굉장히 불편하다는 것이다. 도널드 맥가브란(Donald McGavran)이 주장했던 HUP(Homogeneous Unit Principle)에 의거하여 볼 때, 교회 성장학적으로도 결코 효율적이지 않은 모델일 수 있다. 한 교회 울타리 내에서 타문화와 함께 공존하기 위해서는, 여느 국제 선교단체들의 리더십 관계가 아마 그러한 것처럼, 심각한 문화적 갈등들도 극복해야 할 필요가 있고, 불편함들도 기꺼이 감수해야 할 필요가 있다. 그래서 다문화 교회는 본질적으로 불편한 교회이며, 그 누구도 본능적으로 만족시키지 못하는 교회의 모델일 수 있다. 하지만 다 만족하는 교회는 아니더라도, 하나님이 만족하시는 교회됨의 모습이 다문화 교회됨을 지속적으로 추구하게 한다. 21세기 다문화 지역 사회를 살아가면서, 의도적인 다문화 교회됨은 이 시대에 존재하는 선교적 교회로서의 신실한 모습으로 여겨진다.

3. 그 외 고려할 만한 특징

난민 사역이라는 관점에서 빌리지 침례교회를 소개할 때, 한 가지 추가로 소개해야 할 면이 있는데, 그것은 빌리지 침례교회의 목장 사역이다. 90년대 초부터 목장을 통한 소 그룹 모임이 활발히 이루어졌으며, 각 목장마다 선교지나 미전도종족을 입양하여 왔다. 난민 사역에 있어서 이러한 목장 사역의 역사는 두 가지 가능성을 시사하는데, 첫째는, 난민 사역에 있어서 소 그룹 단위로 동원될 수 있는 구조를 가지고 있다는 점이고, 둘째는, 오랫동안 선교지와의 개별적 연결을 통해서, 선교에 대한 이해와 관심이 구체적으로 확보되어 있고, 접촉점이 있는 성도들이 많다는 점이다.

III. 미국 오레곤주에 위치한 지역 교회 입장에서의 난민 상황과 난민 사역

그렇다면 빌리지 침례교회 입장에서 현재의 난민 상황은 어떤 의의를 갖고, 난민 사역에 그 동안 실제적으로 어떻게 참여해왔는가? 먼저는 레반트 (Levant) 지역에서의 난민 사역을 설명하고, 이후 북미 오레곤 지역의 난민 현황과 난민 사역을 다루고자 한다.

1. 레반트(Levant) 지역 난민 사역

빌리지 침례교회는 세계 선교에 있어서 선교하시는 하나님의 주도 아래 세계 교회들이 합력하여 이 사명을 성취하도록 참여하고 있다고 신뢰한다. 이러한 신념 아래서, 개교회로서의 사역의 우선 순위를 이슬람권과 힌두교권에 두고 있다. 동역하는 선교사들과 선교 단체들의 배경과 집중 사역 영역은 다양하나, 주로 이슬람권과 힌두교권에 집중되어 있다.

북미에 위치한 지역 교회로서 이슬람권 사역에 동참하기 위하여 현지 동역 교회 및 사역자들과의 관계를 가장 중요하게 여기는데, 그러한 동역 (partnering)의 가치를 단순히 효율성(effectiveness)을 위한 것이나 기능적(functional)인 것으로 보지 않고, 본질적인 것으로 여긴다. 따라서, 결과 중심적이 기보다는 과정 중심적이라고 할 수 있다. 일정 기간에 걸쳐서 동역자와의 상호 신뢰 관계를 깊이 있게 구축하고, 그 관계의 질(quality of relationship)에 입각하여 사역의 범위를 함께 맞추어 간다. 2000년부터는 레바논을 중심으로 한 레반트 지역 사역에 집중적으로 참여해왔는데, 베이루트(Beiru)에 위치한 A 신학교, 청소년 사역 단체인 Y 단체, 복음주의 교회인 H 교회, 복음주의 선교단체들의 연합체인 N 네트워크, 난민사역단체인 H 단체 등과 집중적으로 동역해왔다. 레바논 외에도 요르단과 이스라엘 등에 상호 신뢰 관계에 있는 동역자들과 동역 단체들이 있다. 이 관계들을 가리켜 후원이라는 표현을 사용하지 않고, 동역이라고 부른다. 현지 동역 단체들 소속으로 사역하고 있는 장기 파송 선교사들이 많다. 이러한 동역은 일회성이나 여름 단기선교

시에만 이뤄지는 것이 아니라, 연중 내내 지속된다.

단기 선교는 현지 동역자들을 통해 이뤄가시는 하나님의 선교에 참여하는 주요 목적과 장기 선교사로서의 자질과 부르심을 확인해나가는 목적을 갖고 이뤄진다. 지난 십 여년간 레바논 등지로 모이게 된 무슬림 난민들을 향한 사역에 집중하였으며, 다양한 사역의 기회들이 주어졌다. 약 3주간의 단기선교 시에는, 레바논 소재 난민사역 전문단체인 H 단체와 함께 이라크 난민들과 시리아 난민 어린이들을 대상으로 여름성경학교와 같은 캠프의 커리큘럼을 만들고, 진행했다. 음식 배부와 가정 방문들에 참여했으며, 그것을 구제라고 여기지 않고, 나눔이라고 여기기를 지향했다. 가정 방문 후에는 함께 마음을 다해, 하지만 무례하게 받아들여지지 않는 범위 내에서, 기도하는 것을 중요하게 여겼다. 난민 여성 수양회를 열었는데, 난민 여성들이 처한 특별한 상황과 문화적 맥락 속에서 서로를 이해한 시간이었다. Y라는 현지 청소년 사역단체와 동역하여 난민 청소년을 포함한 현지 청소년 캠프에 참여할 기회가 있었다. 현지 선교 단체나 교회, 사회 기관 등과 연계하여 필요한 전문 교육이나 물자를 공급하였으며, 건축이나 공사에 필요한 재정적 혹은 인력을 공급하기도 하였다. 의료팀과 치과팀은 의료 혜택이 어려운 난민들을 대상으로 베이루트나 베카벨리(Bekah Valley) 중심의 지방으로 순회하고, CHE(Community Health Evangelism)를 통해 공중 보건 교육을 실시했다. 수 의사팀은 유목민들을 대상으로 가축들의 건강과 위생을 도왔다. 영상소통팀은 현지의 삶과 사역들 가운데 드러나는 하나님의 일들을 영상으로 담아 파송 교회를 비롯한 북미인들에게 분별력 있게 전달하는 사역에 참여했다. SNS의 발전으로 단기 선교사들은 일회성 방문이 아니라 온라인을 통해 지속적인 관계에 참여하게 되고, 그러한 모습들을 통해, 단기 선교를 장기 비전을 갖고 참여하게 되며, 지속적으로 장기 선교사의 배출이 이뤄지고 있다. 장기 선교사는 주로 북미에 본부 내지 지부를 두고 있는 선교 단체 소속으로 파송되며, 장기로 파송 될 시점에는 이미 검증된 수년간의 단기 경험들을 통해, 선교사로서의 자질과 소명, 현지 동역자들과의 신뢰 관계 및 사역 영역에 대한 선명한 이해를 확보하고 파송된다.

2. 북미 오레곤 지역 난민 상황과 사역

레반트 지역이나 유럽의 상황과는 비교할 수 없을 정도로 적은 규모이지만, 북미에도 해마다 정착하고 있는 무슬림 난민들이 있다. 특별히 빌리지 침례교회가 위치한 오레곤주의 경우도, 해마다 난민들이 정착해왔고, 특별히 지난 10여년 간은 중동과 북아프리카 무슬림 배경의 난민들이 약 절반의 비율을 차지해왔다.

출신국가	2014	2013	2012	2011	2010	2009
아프가니스탄	54	18	23	23	10	18
부탄	94	121	139	137	131	134
버마	192	156	128	261	211	109
콩고	74	49	18	25	69	0
쿠바	145	188	191	116	99	76
에트리아	13	10	9	25	15	13
에디오피아	20	13	14	13	6	11
구 소련	52	47	95	77	107	138
아이티	7	5	6	0	11	0
이란	36	20	35	19	42	10
이라크	325	264	154	109	198	140
르완다	0	0	8	1	0	0
소말리아	208	168	110	119	236	96
수단	10	11	0	0	0	2
티벳	0	1	1	3	4	8
베트남	0	0	4	0	5	14
기타	16	34	33	16	41	51
총	1,246	1,105	968	944	1,185	820

⟨표1: 오레곤 난민 정착 통계 출처; 출처 *IRCO Handbook 2015*[6]⟩

IRCO (Immigration & Refugee Community Organization)는 1976년에 당시 미국 정착 난민들에 의해 세워진 오레곤주 주재 난민 돕기 단체 (Non-Profit Organization)이며, 2015년 현재 160여명의 풀타임 직원들과 1,250여명의 파트타임 직원들로 구성되어 있다. 오레곤주에 정착하는 난민들은 주로 이 단

6 http://www.irco.org (Accessed on Feb. 17, 2016).

체와 연결이 되는데, IRCO가 제시한 자료에 의하면, 2014년 오레곤주에 정착한 난민의 숫자는 총 1,246명이다. 미국 내에서 인구 통계상 34번째 크기의 도시인 포틀랜드이지만, 난민 정착 숫자의 크기는 국내 11번째이다. 위표에서 이라크, 소말리아, 아프가니스탄, 이란, 에디오피아, 수단 등의 전통적인 이슬람권 국가 출신의 인원을 계수하면 대략 50%가 된다. 이들을 대상으로 사역하고 있는 난민 사역자들의 임상 통계에 의하면, 이들 중 대부분 (약 95%)은 포틀랜드 시나 광역에 정착하고 있다. 덧붙여, 아직 시리아 난민이 오레곤주에 정착하지는 않았지만, 오바마 정부는 2016년에 전 세계적으로 85,000명의 난민을 미국 내에 수용하기로 하였고, 그 중 10,000명이 시리아 난민일 것으로 예상된다.[7] 이는 오레곤주에도 곧 시리아 난민들이 정착하게 될 확률이 매우 높다는 것을 의미한다.

오레곤주에 정착하는 무슬림 난민들의 특정 상황을 고려해 볼 때, 다음과 같은 특징들이 관찰된다. 첫째, 다문화적 상황에 노출되어 있다는 점이다. 단순히 미국이라는 보편적인 다문화 상황 속에 존재한다는 것을 넘어서, 난민들이 이루게 되는 내적 공동체의 상황도 다문화적이다. 수니 배경의 무슬림, 시아 배경의 무슬림, 간에 분명 문화적 차이와 갈등들이 존재하는데, 이 다양한 배경의 무슬림들이 상황적으로 불가피하게 이제는 한 동네에서 모여 살고 있다는 점이 주목할 만하다.

둘째, 생계에 대한 염려가 비교적 적다는 것이다. 차고 넘치는 재원이 주어지는 것은 결코 아니지만, 그래도 정부 차원과 NGO 차원에서 비교적 충분한 지원들이 이루어지고 있다. 초기 정착을 위한 집, 취업 알선, 재정 지원, 언어와 문화 교육 등이 비교적 활발히 이뤄지고 있다. 현재는 정해진 지원의 규모가 있다기보다는 각 가정의 필요에 따라 인터뷰를 통해 세부적인 내역과 규모가 정해지고 있다.

셋째, 미국에 정착하는 난민들 중에는 비교적 지식층이 많다는 점이다.

---

7   https://www.washingtonpost.com/world/national-security/obama-administration-to-expand-number-of-refugees-admitted-to-us/2016/01/13/35613e74-ba0b-11e5-99f3-184bc379b12d_story.html (Accessed on Feb. 17, 2016).

미국계 회사나 계열사에서 일하던 인재들이 많고, 그런 면에서 현지 사회로의 적응의 기회들이 열려있다. 난민 사역자들의 경험에 의하면, 오레곤에 거주하는 난민들이 타인들로부터 차별 대우나 불합리한 상황을 경험하는 경우는 매우 드물다.

넷째, 오레곤주에 정착하는 난민들의 규모가 매우 적다는 점이다. 독일이나 터키 등과 같은 지중해나 유럽 국가들과 달리 북미에 정착하는 난민들의 정착은 소규모 단위로 이뤄진다.

다섯째, 난민들의 가장 큰 필요 중 하나는 자신들의 정체성과 삶의 의미를 되찾는 것이라는 점이다. 비록 고향에서 지식층이긴 하였으나, 미국에 정착하여 갖게 되는 직업이나 삶의 환경은 그렇게 만족스럽지 않다. 아프가니스탄에서 초등학교 교사를 하던 사람이 미국에서는 비지니스를 해야 하는 경우가 있다. 이라크에서 의사였던 사람이 미국에 와서 청소하는 일을 담당한다. 직업의 귀천을 떠나서 자신의 소명을 따라 일한다기보다는 생계를 위해 주어지는 수단이 될 때가 많다. 생계 유지를 위한 삶은 살지만, 삶의 질과 의미에 대한 관심이 자연스럽게 높아진다는 점을 주목할 필요가 있다. 일은 단순히 돈을 벌어들이는 수단이 아니라, 삶의 의미와 가치를 부여해주기 때문이다. 이런 영역에서 종교 기관들이 감당할 수 있는 틈새 역할이 분명히 있다. 또한 평생을 살아도 외모 때문에 "당신은 어디에서 왔습니까 (Where are you from?)"라는 질문을 듣게 되는 디아스포라의 삶에는 정체성 확립이 굉장히 중요하다. 단순히 1세대 난민들의 삶뿐 아니라, 2세와 3세들에게도 동일하게 적용되는 점임을 장기적인 안목에서 인식할 필요가 있다. 평생을 난민이라는 렌즈로 바라봄을 당하게 될 이들에게 정체성은 일상을 살아감에 있어서 가장 근본적인 동기의 근원이 된다. 자신의 땅을 떠난 이들에게 정체성은 가장 근본적이고 시급히 되찾아야 할 내용이다.

필자가 인지하는 한 현재 포틀랜드 지역에서 무슬림 난민 사역에 적극적으로 동참하고 있는 기독교 단체는 세 개이다. 한 단체는 선교사 자녀 (MK)

들을 중심으로 하여 *Pamoja* House라는 기관을 설립하여 운영하고 있다.[8] *Pamoja*는 스와힐리로 '함께 (Together)'라는 의미인데, 기독교 단체이지만 종교적 색깔을 띄지 않고, 사회 봉사 및 공동체 형성을 위한 목적 아래, 커뮤니티 센터의 역할을 하고 있다. 이민자들에게 열려있지만 주로 난민들을 위한 사역이며, 교육, 상담, 취업, 영어, 운전면허, 시민권 과정 지원 등의 서비스를 제공한다. 또 다른 단체도 난민 사역을 위하여 풀타임 사역자를 고용하고 있다. 세 번째는 빌리지 침례교회인데, 지역 난민들을 향한 사역은 2007년부터 본격적으로 시작하였다. 당시 미션 퍼스펙티브 훈련 과정을 돕고, 참여하던 평신도들이 자발적으로 헌신하여, 현재는 가정 방문, 초청 환대, 음식 제공, 물자 지원 등을 통한 관계 형성이 비교적 활발하다. 빌리지 침례교회에서는 2012년부터 ESOL 영어반을 운영하고 있는데, 지난 3년간 약 300여 명의 외국인 이민자와 난민들이 참여했고, 사우디아라비아, 일본, 한국, 러시아, 부탄, 베네수엘라 등 약 30개국에서 참여하고 있다. 영어 교육을 통해 인격적인 관계 형성이 활발히 이뤄지고 있다. 무슬림 배경 회심자들 가운데는 상황에 따라 가정이나 사회적으로 박해를 받는 경우들도 있지만, 반면 전혀 그런 어려움이 없는 경우들도 있다. 지역 사회의 한 교회에서는 이집트인들의 모임이 있는데, 그곳의 아랍어 성경공부에 참여하는 회심자들도 있다.

IV. 북미 난민 상황에 대한 선교학적 고찰 및 함의

그렇다면 북미 난민 사역에 있어서 고려해야 할 선교학적 주제와 함의들은 무엇인가? 다음과 같은 고찰들과 함의들을 선별하여 나누고자 한다. 1. 난민 사역의 긴박성과 특권, 2. 진정한 의미에서의 총체적 선교, 3.난민 상황에서의 기독론 구축의 필요성, 4.북미 상황에서의 MBB 교회론 구축의 필요성, 5.디아스포라 선교학적 고찰, 6. 글로컬 선교의 시너지, 7.이슬라모

---

8 http://www.pamojahouse.org (Accessed on Feb. 17, 2016).

포비아 문화 속 북미 교회.

1. 난민 사역의 긴박성과 특권

데이비드 게리슨(David Garrison)의 *A Wind in the house of Islam: How God is drawing Muslims around the world to faith in Jesus Christ*[9]라는 단행본에서 설득력 있게 설명했듯이 21세기 서두의 난민 사태는 무슬림과 기독교인들의 관계에 있어서 새로운 붐을 불어 일으켰고, 기독교의 선교는 새로운 장에 이르렀다. 게리슨에 의하면 '1,000명의 무슬림이 침례를 받거나 100개 이상의 예배 공동체가 형성되는 것을 하나의 운동 (Movement)으로 규정했을 때, 21세기의 첫 12년 동안, 69개의 부흥 운동이 무슬림 세계에서 일어났다'고 보고한다.[10] 역사상 그 어느 때도 이러한 규모의 현상이 있었던 적이 없고, 이는 분명히 하나님의 마음이 집중되어 있는 부분이다. 그러한 역동적인 하나님의 선교에 참여할 수 있다는 것은 의무가 아니라 특권이고, 축복이다. 필자의 경험상, 하나님 나라의 사역에 참여한다는 것은 많은 경우, 참여자에게 가장 큰 기쁨을 부여하고, 긍정적 삶의 혁신을 가져온다. 유럽으로 향한 난민들은 유럽 교회들이 풀어야 할 골치 아픈 사회적 문제가 결코 아니며, 오히려 유럽 교회가 새롭게 도약할 계기이며, 축복의 통로가 될 수 있다. 그리고 그것은 북미 교회에게도 마찬가지이다. 북미 교회는 무슬림 난민들을 통해 예수 그리스도를 더 온전히 알아가게 될 것이다.

하지만 그 기회는 언제나 열려있지는 않을 것으로 예상된다. 언제나 기회는 바람과 같이 지나가고, 카이로스의 때를 놓치면, 같은 길을 걷는 것도 더 큰 에너지를 소모하게 된다. 늘 그런 것은 아니지만 대부분의 경우, 내전이 금방 끝나지 않으면, 20여년씩 길어지곤 한다. 아랍의 상황이 한동안 지속될

---

9 David Garrison. *A Wind in the house of Islam: How God is drawing Muslims around the world to faith in Jesus Christ* (Colorado: WIGTake Resources, 2014),18.

10 Ibid., 18.

것으로 보이고, 한동안 난민들이 증가할 것으로 보일 수 있지만, 그 누구도 정확히 예측할 수 없는 상황이고, 설령 증가한다 하더라도 상황은 계속 진화할 것이다. 난민 사역이 어느 방향으로 진행될지는 모르나, 그 기차에 올라타야 하는 것은 일초를 다투는 매우 긴박한 결단을 요구한다.

2. 진정한 의미에서의 총체적 선교

최종 정착국에서의 난민 사역에 있어서 총체적 선교의 필요가 있다. 필자의 좁은 소견일 수 있으나, 총체적 선교라는 표현이 본래 의미로는 영혼 구원적인 측면으로만 편중되던 복음 선포를 넘어서서, 삶의 모든 영역에서 변혁과 소망을 제시하는 것이지만, 실제로 사용되는 의미를 관찰해보면, 후자의 가치에 더 편중되는 양상으로 치우쳐져서 사용될 때가 있는 듯 하다. 하지만 총체적 선교란 진정한 의미에서의 전인적인 선교를 의미한다.

난민들의 필요는 총체적이다. 생존과 생계를 위한 나눔이 필요하다. 일자리가 필요하고, 돈이 필요하다. 새로운 사회에 적응하기 위한 교육과 개발 가능한 자질들이 필요하다. 외상 후 스트레스 장애(PTSD)와 같은 정신과적 치료가 필요하다. 사랑하는 이들과 영구적으로 떨어진 배경 속에서 정서적 위로와 안정이 필요하다. 공동체가 필요하고, 친구가 필요하다. 배워야 할 것들이 많고, 적응해야 할 것들이 많다.

난민 하이웨이에서 수많은 기독교 단체들의 선교는 즉시 필요한 부분들에 대해 충족시켜주는 것에 편중될 수 밖에 없다. 그 곳에서 난민은 유목민이고, 여행객이다. 가난한 자이고, 굶주린 자다. 하지만 최종 정착국에서의 사역이 임시 정착국에서의 사역과 같아서는 안 된다. 연장선상에 진행되지만, 최종 정착국으로서의 사역으로 개발되고, 집중해야 한다. 비록 최종 정착국에서 난민들의 모습과 필요가 여전히 임시 정착국에서의 필요와 유사하게 보인다 할지라도, 최종 정착국에서의 난민들의 가장 큰 필요는 영적인 필요이다. 생존을 위해 목표를 가지고 어딘가를 정처없이 갈 때와 달리, 최종 정착국에서는 지난 시간들을 돌아보고, 무엇을 위해 이렇게 목숨을 걸고 살아왔어야 했는지에 대한 영적 고민들이 자연스럽다. 일반 사회단체들이 감당해줄 수 있는 부분이 있고, 그들과 손잡고 지역 교회가 감당해야 할 부분들이 있다. 물리적인 나눔과 정서적, 정신적 필요를 바라보는 안목이 필요하지만, 영적인 필요를 놓치지 않는 민감함이 절실하다는 것을 잊지 말아야 한다.

3. 난민 상황에서의 기독론 구축의 필요성

난민들의 영적인 필요에 대해서 생각해 볼 때, 난민 상황에서 새롭게 정립된 기독론의 필요성이 있다. 필자의 협소한 견해일 수 있지만, 필자가 만나본 무슬림 배경 회심자(MBB)들은, 꿈과 환상 등을 통해서 예수 그리스도께 나아온 경우들이 많았다. 그런 의미에서, 난민 상황에서는 신비주의적 예수(mystic Issa)의 이미지로서의 기독론과 신앙관이 혼합-형성된 경우들이 있지 않는가 하는 의문이 있다. 이러한 하나님 나라의 역사를 부정할 필요는 없지만, 분별력 있게 관찰할 필요가 있고, 균형 잡히고 성숙한 신앙으로서의 넓은 스펙트럼을 향한 신앙 교육과 제자 양육에 대한 로드맵이 필요함은 확실하다.

하지만 그것은 반드시 서구적 기독론과 신앙관으로부터 해방된 관점에서 구축 되어야 할 필요가 있다. 한 선교단체의 사영리적 복음 제시는 서구적 상황에서 유효한 복음의 면모이고, 복음의 효율적인 제시 방법일 수 있지만, 무슬림 난민의 상황에서 같은 복음이 같은 방식으로 같은 의미를 창출할 수 있을지에 관하여는 다소 회의적인 면이 있다. 일련의 교리에 지적으로 동의하는 것으로서의 복음이 아니라, 무슬림 난민의 역사와 상황 속에서 과연 예수 그리스도의 하나님 나라 복음은 어떤 구체적인 삶의 의미와 소망을 제공하는지에 관한 진지한 성찰이 필요한 때이다. 이러한 성찰의 과정은 무슬림들에게 영원하고 생동력 있으며 유효한 삶의 의미를 제공할 뿐 아니라, 서구 기독교인들을 신선한 도전과 통찰의 자리로 이끌어 갈 것이다.

4. 북미 상황에서의 MBB 교회론 구축의 필요성

　장기적인 안목에서 볼 때, 북미 거주 MBB들을 위한 교회론 구축이 필요하다. 단기적인 면에서, 무슬림 난민 회심자들은 아마도 가정 교회 형식으로, 혹은 아주 소규모 모임들로 신앙 공동체를 형성하게 될 것으로 예상된다. 하지만 그러한 시간이 길어지고, 세대가 변하여가고, 규모가 성장함에 따라, 장기적인 안목에서 북미 혹은 유럽 상황에서의 교회론 구축은 반드시 필요하다. 하지만 그것은 전통적으로 기독교 신앙으로 인하여 사회문화적 핍박과 탄압이 있는 상황 속에서의 교회론과는 다른 형태를 가지게 될 것이다. 반면 서구의 전통적인 교회론과도 다른 형태를 가져야 할 것이다.

　여기에는 몇 가지 고려사항들이 따라온다. 먼저 문화권을 어떻게 규정할 것인지도 고려해야 한다. 소수의 인원으로 다문화적으로 함께 모여사는 무슬림 배경의 회심자들임을 생각할 때, 언어권으로 문화권을 규정해야할지, 국가별로 문화권을 규정해야할지, 아니면 아랍권이라는 큰 맥락 속에서 교회론을 구축해야할지에 대한 구체적인 연구와 방안이 필요하다.

　덧붙여, 디아스포라라는 관점에서 볼 때, 그 공동체가 단순히 게토(ghetto)화되는 것으로부터 보호해야 할 필요가 있다. 한인 디아스포라 교회가 다문화적 방향성을 나타내기 때문에, 선교적 공동체로서의 사명을 살아낼 뿐 아니라, 2세와 3세들의 신앙이 지속되고 전수될 수 있는 환경과 동기를 부여하게 되는 것처럼, 무슬림 난민 회심자들의 2세와 3세의 장기적 미래를 생각해 볼 때, 첫 단추를 잘 꿰는 것이 중요할 것이다. 아랍인으로서의 문화를 지켜가고, 민족적 정체성을 고수하면서, 민족중심주의를 버리고, 어떻게 하면 새로운 땅에서 장기적으로 공생할 지에 대한 진지한 고찰이 필요하다. 예레미야 29장은 바빌론으로 포로로 끌려간 유대인들에게 그곳에서 집도 짓고, 아이도 낳고, 잠시 살지만 영원히 살 것 같은 자세로 살 것을 요구하고 있다. 새로운 땅에 대한 주인 의식(ownership)과 청지기 정신(stewardship)은 그 땅에서 의미 있는 삶을 살아가는 것에 대한 플랫폼이 되어주기 때문이다. 장기적인 안목에서 어쩌면 그것은 다문화 교회적인 양상으로 나타날 수도 있고, 친밀한 네트워크의 양상으로 나타날 수도 있겠으며, 다양한 스펙트럼 속의 교회론들이 존재해야 할 것이다.

5. 디아스포라 선교학적 고찰

디아스포라 선교학적 관점에서 두 가지의 고찰이 주목 할만 하다. 첫째는, 최종 정착국 내에 이미 살고 있는 디아스포라에 의한(missions by diaspora) 난민 선교이다. 21세기 세계 선교의 방법은 그 이전과는 새로운 모습으로 전통적 선교방식을 보완(supplement) 하는데, 흩어진 사람들(diaspora)을 통한 다방면의 선교(From everywhere to everywhere)라고 말할 수 있다. 특별히 유럽이나 북미에 위치한 디아스포라 교회들은 난민들의 상황을 공감하고 실제적인 필요를 감지할 수 있는 이주자로서의 삶의 실제적 경험을 가지고 있으며, 현지 언어의 어눌함은 단점이 아니라 오히려 유대감 형성의 역할을 하게 된다. 역사적으로 백인들을 향해 갖고 있는 열등감 없이 디아스포라에 의한 난민 선교는 많은 가능성을 약속한다.

둘째, 난민 회심자들을 통한 본국과의 연결 사역(missions through diaspora)을 생각할 수 있다. 최종 정착국에 정착하는 난민들 중 소수는 나중에 가족 초청을 하게 될 것이고, 본국으로 귀국할 것이며, 단기 방문들을 통해 본국과의 연결점 역할을 하게 될 것이다. 그런 면에서, 단기적 안목으로 이들만을 사역의 종착지로 볼 것이 아니라, 이들을 통한 북미 내 다른 난민 사역과 본국 사역을 염두하며, 리더십 양성과 재원을 집중할 필요가 있다.

6. 글로컬[11] 선교의 시너지

위와 같이 디아스포라를 위한 선교학적 고찰을 할 때, 난민 사역에 참여하

---

11 *Global*과 *Local*의 혼성어

는 최종 정착국의 교회들은 글로벌 선교와 로컬 선교를 병행함을 통해, 서로를 향한 동반 상승 효과(synergy)를 창출할 수 있다. 이웃(Neighbor)을 섬김을 통해 세계 선교에 동참하게 되고, 지구 반대편에서 일어나는 선교 활동에 참여함을 통해 이웃의 삶의 자리를 더 이해하게 된다.

7. 이슬라모포비아(Islamophobia) 문화 속 북미 교회

북미의 교회에서 목회하는 목회자들에게는 난민 사역과 관련하여 추가적 의무가 부여되는 것이 있는데, 이슬라모포비아가 만연한 북미 사회와 교회 공동체적 환경 속에서 어떻게 하나님 나라의 백성들을 난민 사역에 동원하고, 훈련하겠는가에 관한 중요성을 인지하고, 방법론을 연구하는 것이다. 911 테러 이후, 아랍인들을 향한 적대적 반감과 사회적 거부감은 난민 사역에 있어서 장애물 역할을 하고 있다. 덧붙여, 단순한 기능적 동원(functional mobilization)이 아니라, 어떻게 하면 난민처럼 여겨지고, 난민처럼 되고자 하는 성화적 의지(Incarnational and Sanctificational Willingness)를 꿈꾸게 하고, 기꺼이 감당하게 할 수 있을까에 관하여는 심층적 논의와 점진적 노력을 필요로 한다. 제국주의적 선교를 탈피한 성서적 선교는 본질적으로 성육신적이고 성화적인 양상을 나타내야 한다.

V. 난민 사역 실천 방안

그렇다면 앞으로 어떤 과정들을 거쳐서 난민 사역을 발전해 나갈 것인가에 관한 구체적인 실천 방안이 필요하다. 빌리지 침례교회는 다음과 같은 실천 방안들을 제의하며, 진행하고 있다. 1.북미 교회의 선교적 회심, 2.선교단체와의 동역을 통한 지역별 선교 훈련, 3.동역자 네트워크 구축, 4. 난민 사역 Task Force팀 구성, 5. 소 그룹 단위의 사역 공동체 형성, 6 친구 되기 그리고 그 이후.

1. 북미 교회의 선교적 회심

가장 근본적으로 추구하는 실천 내용은 북미 교회의 선교적 회심을 위한 노력이며, 이는 기독교인의 선교적 정체성과 선교적 소명을 재정립함을 통한 세계관의 변혁을 포함한다. 첫째, 이분법적 선교 패러다임에서 역동적으로 참여하는 선교 패러다임으로의 전환이 필요하다. 더렐 구더(Darrell Guder)는 *Missional Church: A Vision for the Sending of the Church in North America*라는 출판물을 통해, 교회는 본질적으로 세상을 향하여 파송을 받은 하나님 나라의 백성임을 강조했다.[12] 모든 성도는 자신의 삶의 터전에서 하나님 나라를 나타내도록 파송을 받았다. 전통적 선교론은 가는 선교사와 보내는 선교사의 이분법적 구도를 창출한 면이 있는데, 이로 인해, 장기 해외 선교사를 파송하고, 재정적으로 동역하면 하나님께서 교회에게 맡기신 선교적 사명을 충분히 감당하고 있다는 듯한 생각을 가지고 있는 안일한 기독교인을 배출했다. 성서가 증언하는 하나님은 선교하는 하나님이시고, 모든 하나님 나라의 백성은 본질적으로 선교사적 정체성과 소명을 가지고 있다. 일상을 무가치하게 만드는 일상 탈피적이고 이분법적 선교관이 아니라, 일상에서 각자의 전문성과 상식적 범위 내에서, 선교적 (Missionally)으로 살아가는 것이 요구된다. 급진적 제자 (Radical disciple)란 급진적인 일을 하는 사람이기 이전에, 이미 주어진 삶을 급진적인 자세로 살아가는 사람을 의미하기 때문이다.

둘째, 장기 선교사의 재배치에 대한 북미 교회의 관심과 격려가 필요하다. 난민들의 이동 루트를 통해서 이제 무슬림 사역의 주 현장은 중동과 북아프리카를 벗어나 유럽으로 확장되었다. 수백만에 육박하는 유럽 내 무슬림 난민들을 대상으로 현지 교회들과 더불어 사역할 전임 사역자들이 절실히 필요하다. 이를 위해서, 아랍 언어와 문화와의 간격이 적은 아랍권 사역

---

12 Darrell L. Guder (ed), *Missional Church: A Vision for the Sending of the Church in North America* (Grand Rapids: Eerdmans, 1998).

선교사들을 유럽으로 재배치하는 것을 지지하고, 격려할 필요가 있다. 또한 유럽을 무대로 무슬림 사역에 전념할 더 많은 신입 사역자들을 발굴하고, 훈련해야 할 시급한 필요가 있다.

빌리지 침례교회의 리더십과 선교 단체는 위와 같은 필요와 방향의 적합성을 충분히 검토한 후, 북미 교회의 선교적 회심을 위해 노력하고 있다.

2. 선교 단체와의 동역을 통한 지역별 선교 훈련

빌리지 침례교회에서는 그 동안 선교에 관한 여러 훈련들이 이뤄져 왔지만, 글로컬 난민 사역에 동참하기 위해 다음과 같은 선교 전문 훈련들을 새롭게 계획하여, 진행하고 있다. 먼저는 카이로스(Kairos) 선교 훈련이다. 카이로스는 미션 퍼스펙티브(Mission Perspective)와 많은 부분을 공유하고 있는 선교 일반에 대한 훈련인데, 난민 사역을 위한 훈련의 관점에서 몇 가지의 장점을 가지고 있다. 첫째, 카이로스의 발단 역사를 볼 때, 매우 유사한 배경에서 고안된 훈련이다. 1994년 필리핀에서 사역하던 뉴질랜드 선교사가 필리핀 목회자들을 대상으로 남부 민나나오 섬에 거주하는 무슬림 소수 민족들을 위해 선교 동원 프로그램으로 만든 것이 카이로스의 초고이다. 그런 배경에서 프로그램 전반에 흐르는 철학과 방법론이 무슬림 난민 사역을 위한 훈련으로 매우 적절한 면을 가지고 있다. 둘째, 카이로스의 훈련 내용은 성서적, 역사적, 전략적, 문화적 관점에서 선교의 의미를 고찰하는 것이며, 이는 선교 일반에 대한 훈련으로 매우 적합한 내용이다. 셋째, 카이로스의 교수법이 소 그룹 위주의 토의에 중점을 두고, 재생산적인 훈련에 초점을 맞춘다는 면에서, 선교 동원적 역할을 병행한다. 빌리지 침례교회는 북미 카이로스 본부와 동역하여 카이로스 훈련을 2016년 상반기부터 본격적으로 실시함으로 선교 일반에 대한 훈련을 제공하려고 한다.

카이로스의 후속 훈련은 이슬람에 대한 이해 훈련이다. 북미 기독교인에게 이슬람은 생소하고, 적대적 감정을 창출하는 면이 있다. 빌리지 침례교회는 2015년 말에 한국어로 번역 출판된 Crescent Project의 Bridges[13]라는 프로그램이나 2016년 중순에 한국 IVP를 통해 출판 예정인 Friendship First[14]라는 프로그램을 통해 무슬림 난민 사역에 동원되고자 하는 성도를 대상으로 이슬람 이해 훈련을 실시하려고 한다.

덧붙여 아랍권 현지에 거주하며 빌리지 침례교회와 동역하고 있는 장기 선교사들과 현지인들과의 친밀한 동역 관계를 통해, 기회가 주어지는 대로 해당 주제에 관한 워크숍을 기획하고 있다. 한 예로, 난민 전문 사역 단체인 레바논의 H단체의 대표가 2016년 초에 포틀랜드 지역을 방문하여, '시리아의 문화'라는 주제로 워크숍을 진행하는데, 이는 동역자들과의 신뢰 관계에 기반하여 주어지는 특별한 기회들이다.

이러한 선교 일반 교육과 이슬람 교육, 또 문화 교육을 포함한 언어 교육 등을 통해 얻고자 하는 것은 단순한 문화적 지식 (Cultural Information)이 아니라 문화적 지능 (Cultural Intelligence)이다. 문화적 지식을 습득하는 것은 친구됨의 예의이며, 긴장과 다름의 벽을 허무는 통로가 될 수 있다. 하지만 North Park Theological Seminary의 라송창(Soong-Chang Rah) 교수에 의하면, 특정 문화권에 대한 문화적 지식을 인지하는 것도 매우 중요하지만, 그러한 지식에 기반하여, 특정 인물이 소유하고 있는 문화에 대한 문화적 지능, 즉, 문화적 민감성과 적응력을 획득하는 것이 더 중요하다.[15] 이러한 민감성과 적응력이 타문화권 소통을 더욱 원활하고 진실되도록 돕기 때문이다.

---

13 Bridges는 Crescent Project의 Fouad Masri에 의해서 개발되었으며, 총 6차례를 거쳐 이뤄지는 무슬림과의 관계 형성 훈련이다. 교과 내용은 다음과 같다; (1) 이슬람의 출현, (2) 신앙과 의식, (3) 그리스도의 대사의 태도, (4) 복음과 연결하는 다리 놓기, (5) 신약의 신뢰성 이해하기, (6) 예수님의 희생 이해하기. 더 자세한 내용은 http://www.crescentproject.org를 참조하라.

14 http://friendshipfirst.org (Accessed on Feb. 17, 2016).

15 Soong-Chang Rah. *Many Colors: Cultural Intelligence for a Changing Church* (Chicago, IL: Moody Publishers. 2010).

3. 동역자 네트워크 구축

난민 선교에 참여한다고 했을 때, 이미 그 사역에 참여하고 있는 동역자들을 발견하고, 그들과의 진실된 네트워크를 구축하는 것은 필수이다. 이학준 교수는 한국 교회를 결박하고 있는 세력들에 관해 언급하면서 공적 영성을 저해하는 요소로 개교회주의를 지목했다.[16] 하나님의 선교(Missio Dei)에 참여한다고 하면서, 개교회중심적으로 사역하는 것은 병행 가능한 것이 아니다. 선교는 본질적으로 공동의 과업이기 때문이다. 빌리지 침례교회는 포틀랜드 지역에서 이미 무슬림 난민 사역에 참여하고 있는 동역자들을 발견하여, 상호 신뢰의 관계를 구축하고 있으며, 이러한 동역은 결과 중심적이기보다 과정 중심적이다. 일의 기능적 효율을 위한 동역이 아니라 관계 자체에 의미를 두기를 지향하기 때문이다. 이러한 언약적 동역을 통해 시행착오를 최소화 하고, 진정한 의미에서의 하나님의 선교에 참여함을 맛보게 된다.

4. 난민 사역 Task Force 팀 구성

교회의 선교 프로그램의 일환으로서의 무슬림 난민 사역이 아니라 하나님 나라 백성, 즉 평신도에 의한 난민 선교를 위해서는 시작 단계에서부터 성도들의 적극적이고 주도적인 참여가 필수적이다. 이를 위해서 빌리지 침례교회는 난민 사역 Task Force팀을 구성하여, 초기 단계에서부터 성도들에게 주도적인 역할을 일임하려고 한다. 난민 사역 Task Force팀을 구성하는 것은 평신도들의 다양한 전문성이 창의적으로 접목되고 활용될 수 있는 기반을 제공한다.

난민 사역 Task Force팀은 무슬림 난민 사역에 관한 전반적이고 세부적인 내용을 연구하고, 기획하고, 훈련하는 목적을 갖는다. 난민들의 필요가 총체

---

16 이학준. 『한국 교회, 패러다임을 바꿔야 산다: 변화와 갱신을 위한 로드맵』 (서울: 새물결플러스. 2011), 79-81.

적이듯이 난민 사역 Task Force팀의 구성원들의 배경 역시 다양할 필요가 있다. 이러한 과정을 통해 교회 프로그램으로서의 난민 사역이 아니라, 성도의 삶의 스타일(life style)로서의 선교적 삶(missional life)이 한층 더 가능해진다.

5. 소그룹 단위의 사역 공동체 형성

빌리지 침례교회는 90년대 초부터 목장 단위로 존재해 온 교회이기 때문에, 소 그룹 단위로 무슬림 난민 사역에 동참하는 것이 자연스럽다. 또한 성도의 삶의 스타일로서의 무슬림 난민 사역을 지향하자면 소 그룹 단위로 동원되는 것이 가장 효율적이다. 하지만 기존의 소 그룹을 사역 공동체로 변혁하는 것에는 무리수가 따른다. 그런 면에서 미국 워싱턴 D.C.에 위치한 세이비어 교회의 경험은 다음과 같은 통찰을 제공한다.

> 사역공동체는 특별한 부르심에 응답한 한 명 혹은 소수의 핵심적인 사람들에 의해 시작된다. 사역공동체는 둘 혹은 셋부터 열두 명까지 구성된 소 그룹을 말한다.··· 그것에 관심 있는 사람들이 모여 소 그룹을 만들게 된다. 어떤 그룹을 만든 후에, 그 안에서 공통된 하나의 사역만을 찾으려고 하면, 그러한 시도는 그 그룹 안에 있는 여러 개인들의 깊은 내면적 부르심을 모두 채워주지 못한다.[17]

세이비어 교회의 통찰과 같이, 무슬림 난민 사역을 위한 소 그룹 공동체가 형성될 때, 그것은 기존 소 그룹의 변형이 아니며, 새로운 구성원으로 구성되는 사역 공동체이다. 또한 그것의 구성원은 철저하게 자의에 의해서 결정되어야 한다. 카이로스와 이슬람 선교 훈련을 거쳐온 성도들 중, 직접적인 참여와 훈련이 된 한 두 명의 핵심 소수를 통해 난민 사역의 실제는 비로소 시작될 것이다. 난민 사역 Task Force팀은 새롭게 구성된 이 사역 공동체

---

17 유성준. 『미국을 움직이는 작은 공동체, 세이비어 교회』 (서울: 평단. 2005), 175.

가 필요로 하는 전문성과 지혜로 지원한다. 빌리지 침례교회가 지역의 동역 자들과 언약적 네트워크를 지향하는 것과 같이, 이 소 그룹 사역 공동체도 결과 중심적이라기보다는 과정 중심적이어야 하며, 효율과 기능보다 진실된 관계에 집중할 필요가 있다.

6. 친구 되기 그리고 그 이후

북미에 최종 정착하는 무슬림 난민 선교에 있어서 가장 중요한 열쇠는 무엇 일까? 필자는 그것이 친구됨 (Friendship)이라고 본다. 조금 더 정확하게 표현하 자면, 영적 친구됨 (Spiritual Friendship)이다. 무슬림 난민은 무슬림이나 난민이기 에 앞서 하나님의 형상대로 창조된 존귀한 인간이다. 그 존재 자체만으로도 존 엄이 있고, 아름다운 인간이다. 그들을 인간으로 진실되게 대하는 것이 무슬림 난민 선교의 열쇠일 것이다. 그들은 최우선적으로 우리가 회심 시켜야 할 프 로젝트가 아니고, 개화 시켜야 할 이방인이 아니다. 무슬림 난민들을 대상으로 사역하고 있는 선교사들은 예수 그리스도께 회심한 무슬림 배경의 회심자들 의 이야기를 청취하며 겸손하게 될 때가 많다. 그들의 삶 가운데서 신실하고, 세밀하게 개입해오시고, 역사해오신 하나님의 선교와 대면하게 되기 때문이 다. 무슬림 난민이 선교의 대상이라는 말은, 그들이 우리와 동일하게, 하나님 의 사랑의 대상이라는 것을 의미한다. 총체적 필요를 채우고자 하는 이유는 그 것이 교회를 통한 하나님의 사랑의 구체적인 표현이기 때문이다.

낯선 땅에 새롭게 정착해야만 하는 무슬림 난민들을 기독교인들의 집으 로 자발적으로 초청하여 함께 먹고, 마시며, 이야기 하는 것이 친구 됨이다. 그들을 구제한다는 사고가 아니라, 기독교인들에게 먼저 맡겨주신 것을 그 들과 나누는 것이 친구 됨이다. 우리의 이야기를 전달하여 각인 시키기에 앞 서 그들의 이야기를 들어주고, 공감하는 것이 친구 됨이고, 그 이야기들 속 에서 살아계신 예수 그리스도의 흔적을 발견해내는 것이 영적 친구 됨이다. 한참을 함께 시간을 보내고 나서, 진실된 마음으로 무슬림 난민들을 위해 기 도해주는 것이 영적 친구 됨이다. 이러한 영적 친구됨이 이뤄질 때, 각 사람에 맞춰 새롭고 독특하게 역사하시는 하나님의 선교는 기독교인들에게 더욱 선명하게 보여지게 될 것이며, 그러한 신실한 삶을 통해 하나님의 나라는 북미 무슬림 난민들의 삶 속에서 드러날 것이다.

VI. 결론

필자는 이 글을 통해 북미의 한 교회에서 목회를 하고 있는 개교회 목회자의 입장에서, 빌리지 침례교회의 사례 연구를 하므로, 당면한 국제적 난민 사태가 북미에 위치한 개교회에게 가져다준 하나님 나라를 위한 실질적 기회와 도전들을 설명하였다. 비록 이 사례가 최종 정착국에서의 모든 난민 사역의 사례들을 대변할 수는 없지만, 난민 사역에 참여하고 있는 다른 반성적 실천가들과 향후 난민 사역에 참여하고자 하는 기독교인들에게 소소한 통찰들과 유효한 질문들을 시사하기를 바란다.

● 참고문헌

유성준. 『미국을 움직이는 작은 공동체, 세이비어 교회』. 서울: 평단. 2005.

이학준. 『한국 교회, 패러다임을 바꿔야 산다: 변화와 갱신을 위한 로드맵』. 서울: 새물결플러스. 2011.

Choi, Paul Kyu-Jin, "Towards a Paradigm of Missional Ecclesiology for Korean Diaspora." D.Miss. dissertation. Western Seminary. 2014.

DeYmaz, Mark (ed). *Building a Healthy Mult-Ethnic Church: Mandate, Commitments and Practices of a Diverse Congregation.* San Francisco: Jossey-Bass. 2007.

Foster, Charles R. *Embracing Diversity: Leadership in Multicultural Congregations.* Washington D.C.: Alban Institute. 1997.

Garrison, David. *A Wind in the house of Islam: How God is drawing Muslims around the world to faith in Jesus Christ.* Colorado: WIGTake Resources. 2014.

Guder, Darrell L. (ed). *Missional Church: A Vision for the Sending of the Church in North America.* Grand Rapids: Eerdmans. 1998.

Rah, Soong-Chang. *Many Colors: Cultural Intelligence for a Changing Church.* Chicago, IL: Moody Publishers. 2010.

http://www.crescentproject.org Accessed on Fed, 17. 2016

http://www.friendshipfirst.org Accessed on Fed, 17. 2016

http://www.irco.org Accessed on Fed, 17. 2016

http://www.pamojahouse.org Accessed on Fed, 17. 2016

http://www.refugeehighway.net Accessed on Fed, 14. 2016

http://www.vbconline.org Accessed on Fed, 17. 2016

https://www.washingtonpost.com Accessed on Fed, 17. 2016

Reaching out to Muslim Refugees in Europe

Priscilla T. Choi*

* A Researcher at Torch Trinity Center for Islamic Studies

● ABSTRACT

Priscilla T. Choi

The aim of this paper is to bring forth some Evangelical Church's response to 2015's massive influx of Muslim refugees into Germany and Belgium. In order to better understand church's present and future ministries, it is vital to see the church's engagement with the refugee crisis of 2015 in Europe. By doing so, Evangelical Christians can gain better present and future perspectives of Muslim evangelism in Europe. The first section of the paper will deal with some information and statistical data about the origin and destination of refugees from Muslim backgrounds, the 75% of 1.26 million who arrived in Europe in 2015. The second section of the paper will present what seem to be the key descriptive and prescriptive aspects of the challenges of Muslim evangelism. The descriptive part will demonstrate challenges to Muslim refugee evangelism using the German interview and the prescriptive part will be shown in the development of networking and channeling as mission strategies to maximize effectiveness of evangelism efforts among Muslim refugees.

KEY WORDS : Muslim, Refugees crisis, Evangelism, Network,
                      Channeling, Europe

I . MUSLIM REFUGEE CRISIS IN EUROPE[1]

The arrival of massive refugees in Europe has been testing the unity of the European Union. Having the challenges of the governing body of economic unity under a 'federation' with each member states' concern for their own sovereignty and security, the swordless EU diplomats are hammering out their differences. 'Difficult' summit meetings in Brussels attempted to draw out consensus on refugee crisis of 2015; about distribution of asylum applications and permanent resettlement locations; about ways to uphold fundamental rights of free movement of persons guaranteed to EU citizens under 'The Schengen Agreement';[2] about

---

Definition of terms: Asylum seekers and refugees

The terms asylum-seeker and refugee are often confused: an asylum-seeker is someone who says he or she is a refugee, but whose claim has not yet been definitively evaluated. Asylum-seekers, *United Nations High Commissioner for Refugees (UNHCR)*, http://www.unhcr.org/pages/49c3646c137 html A refugee is a person who has received a 'positive' answer of the asylum application from a country where they submitted and received a permission to stay in that country. The legal status has been changed from an asylum seeker to a refugee. In order to obtain a refugee status, one must meet the qualification set by *UNHCR* which says:

According to Article 1 A (2) of the 1951 Convention the term "refugee" shall apply to any person who: As a result of events occurring before 1 January 1951 and owing to well founded fear of being persecuted for reasons of race, religion, nationality, membership of a particular social group or political opinion, is outside the country of his nationality and is unable or, owing to such fear, is unwilling to avail himself of the protection of that country; or who, not having a nationality and being outside the country of his former habitual residence as a result of such events, is unable or, owing to such fear, is unwilling to return to it.

UN High Commissioner for Refugees (UNHCR), *Handbook and Guidelines on Procedures and Criteria for Determining Refugee Status under the 1951 Convention and the 1967 Protocol Relating to the Status of Refugees, December 2011, HCR/1P/4/ENG/REV. 3, available* at: http://www.refworld.org/docid/4f33c8d92.html [accessed March, 09. 2016], 10.

1   "EUROPE: Syrian asylum applications," *UNHCR The UN Refugee Agency,* http://data.unhcr.org/syrianrefugees/asylum.php.

A timeline of Muslim refugee crisis in 2015 listed. Luke Fry, "Refugee crisis timelines: How the crisis has grown," Independent, last modified September 16, 2015, http://www.independent.co.uk/news/world/europe/refugee-crisis-timeline-how-the-crisis-has-grown-10502690.html.

Benefits and rights offered to asylum seekers above and beyond the basic package per country. "Factbox: Benefits offered to asylum seekers in European countries," Reuters, last modified September 16, 2015, http://www.reuters.com/article/us-europe-migrants-benefits-factbox-idUSKC-N0RG1MJ20150916.

2   "Schengen area," *European Commission: Migration and home affairs,* last modified January 29, 2016, http://ec.europa.eu/dgs/home-affairs/what-we-do/policies/borders-and-visas/schengen/index_en.htm.

solutions to a 1990 protocol called 'Dublin Regulation' that says "refugees have to request asylum in the country where they first entered the union,"[3] which is causing undue burden to process asylum application on three EU border countries—Italy, Greece, and Hungary—which is, at the same time, trying to reach a deal with Turkey to take back all refugees.

In the meantime, Denmark, Norway, Sweden, Austria, Germany, and France have temporarily reintroduced border checks[4] and transit countries in 'the Balkan Route,' which means Macedonia, Slovenia, Croatia, and Serbia announced on March 10, 2016 that they are closing their borders to stop refugees passing through their land.[5] Frans Timmermans, Vice President of the European Commission, stated that, according to Frontex, the European border security agency, 60% of all refugees coming to Europe are now identified to be economic refugees from Morocco and Tunisia and calls for their quick return back to their country to ensure that proper war refugees can receive the help they desperately need.[6] To this chaos the foundations of Europe Union appeal to such faltering in the wake of massive incoming refugees, and the 'Fortress Europe' is rolling up its welcome mat and putting up fences to keep refugees away.

EU-28[7] member states received an unprecedented 1.26 million first time

---

3   Allan Hall and John Lichfield, "Germany opens its gates: Berlin says all Syrian asylum-seekers are welcome to remain, as Britain is urged to make a 'similar statement'," *Independent*, last modified August 25, 2015, http://www.independent.co.uk/news/world/europe/germany-opens-its-gates-berlin-says-all-syrian-asylum-seekers-are-welcome-to-remain-as-britain-is-10470062.html.

The shortcoming of 'The Dublin Regulation' [(EU) 604/2013] is that it place unequal burden to process asylum application on three EU border countries: Italy, Greece, and Hungary. Valentina Pop and Andrea Thomas, "Germany Eases Rules for Syrian Refugees," *The Wall Street Journal*, last modified August 25, 2015, http://www.wsj.com/articles/germany-eases-rules-for-syrian-refugees-1440530030. A weblink for Dublin Regulation (EU) 604/2013: http://eur-lex.europa.eu/legal-content/EN/ALL/?uri=CELEX:32013R0604

4   Belgium in case of "events requiring immediate attention," Emphasis original. "Temporary reintroduction of border control," *European Commission: Migration and home affairs*, last modified March 8, 2016, http://ec.europa.eu/dgs/home-affairs/what-we-do/policies/borders-and-visas/schengen/reintroduction-border-control/index_en.htm.

5   "Migrant crisis: Macedonia shuts Balkans route," *British Broadcasting Company News*, last modified March 10, 2016, http://www.bbc.com/news/world-europe-35763101.

6   "Timmermans: meer dan helft vluchtelingen heeft economisch motief," *Nederlandse Omroep Stichting*, last modified January 25, 2016, http://nos.nl/artikel/2082786-timmermans-meer-dan-helft-vluchtelingen-heeft-economisch-motief.html.

7   The list of EU-28 member states. European Union, europa.eu, last modified January 25, 2016, http://europa.eu/about-eu/countries/index_en.htm.

asylum applications in 2015. The peak was 562,000 in 2014 (373,000 in 2013).[8] The top nine first time asylum applicants (total of 930,130) in 2015 are from Syria, Afghanistan, Iraq, Kosovo, Albania, Pakistan, Eritrea, Nigeria, and Iran (in the order of most to least applicants). They are from Muslim majority countries and make up 74% (930,000/1.26 million first time asylum applications.[9]

Pew Research Center estimates that in 2010 there were 13 million Muslims in European Union (EU) and 43 million in Europe, and forecasts that by 2030 the Muslim population will increase to be approximately 26 million in EU and 58 million in the continent of Europe.[10] This forecast does not include unexpected arrival of over 1.26 million Muslim refugees in 2015 and more will come in 2016.[11]

---

8   These figures are for the first time asylum applications in respective years. The total number of asylum application is always larger than the first time asylum applications because one can reapply for asylum after a rejection in which point, that application is not considered the first time asylum application. In EU-28, there were 1.25 million first time and 1.32 million total asylum applications in 2015; there were 563,000 first time and 627,000 total asylum applications in 2014; and there were 373,000 first time and 431,000 total asylum application in 2013. "Asylum and first time applicants by citizenship, age, and sex Annual aggregated data (rounded)," *Eurostat,* http://appsso. eurostat.ec.europa.eu/nui/submitViewTableAction.do.

9   Piotr Juchno and Alexandro Bitoulas, "Asylum in the EU member states: Record Number of over 1.2 million First time Asylum seekers Registered in 2015," *Eurostat Press Office,* last modified March 4, 2016, http://ec.europa.eu/eurostat/documents/2995521/7203832/3-04032016-AP-EN. pdf/790eba01-381c-4163-bcd2-a54959b99ed6.

10   Muslim population in the European Union is from Conrad Hackett, "5 facts about the Muslim population in Europe," *Pew Research Center,* last modified November 17, 2015, http://www. pewresearch.org/fact-tank/2015/11/17/5-facts-about-the-muslim-population-in-europe/.

    Like Hackett (2015), I used Pew-Templeton Global Religious Future Project (http://www.global-religiousfutures.org/) for my own estimation of Muslim population in European Union in 2030. To be consistent with Hackett (2015), I also not added countries with less than 10, 000 Muslims - Estonia, Latvia, Lithuania, and Malta. Hackett (2015) points out that in 2010 Russia had the largest Muslim population in European continent with 14 million which makes 10% of their total population.

    The data of Muslims in Europe for 2010 and 2030 is from "Region: Europe" http://www.pewforum.org/2011/01/27/future-of-the-global-muslim-population-regional-europe/. See here for the list of European countries by PEW, http://www.globalreligiousfutures.org/countries.

11   Gugler show the link between da'wa - *hijra – jihād* . He writes,
    in classical Islam *da'wa*-proselytization and *hijra* –Islamization do hand in hand with *jihad*. . . . Within the framework of this historical Islam religious leaders have constructed a universal *hijra* doctrine describing migration to the non-Islamic world in an effort to proselytize for Islam. . . . The Prophet spread Islam from the *hijra* stronghold through *da'wa and jihād*. . . .Before non-Muslims could be attacked, they had to reject the call (*da'wa*) to embrace Islam. (123).

    Thomas K. Gugler, "The new religiosity of Tabīghī Jamā 'at and Da'wat-e Islāmī and the transformation of Islam in Europe," *Anthropos,* 105, no. 1 (2010): 121-136.

EU leaders predicted that the inflow of Muslim refugees will slow down during cold winter months and then pick up the pace in summer as occurred in 2015, and spoke unanimously that they will have a plan ready to address the overwhelmed asylum as well as to prevent other massive influx of Muslim refugees.[12] However, cold winter months did not slow down the inflow of Muslim refugees into Europe. Over 100,000 Muslims refugees arrived in EU by the end of February 2016, a rate 8.5times higher than the year 2015's record breaking figures.[13]

Since Syrian Civil War broke out in 2011, António Guterres, the High Commissioner of the United Nations High Commissioner for Refugees (UNHCR) assessed the war as being "more brutal and destructive than both [Afghanistan and Iraq] and . . . the worst humanitarian disaster since the end of the world,"[14] displacing almost half of its 23 million people—7.6 million internally and additional 4 million internationally, most of whom are living in border countries, namely, Turkey (2.5 million), Lebanon (1.1 million), and Jordan (635,000).[15] The first time asylum applications by Syrians increased significantly in three consecutive years since 2013: 72,000 in 2013; 123,000 in 2014, and 362,775 in 2015.[16]

---

12 For a quick overview of pros and cons of migration debate in Europe and common immigration policy of the European Union, please see Karoly Lorant, "The demographic challenge in Europe,"*European Parliament,* last modified April 2005, http://www.europarl.europa.eu/inddem/docs/papers/The%20demographic%20challenge%20in%20Europe.pdf.

13 Lizzie Dearden, "Refugee crisis: Concern over 'unprecedented' arrivals in Greece and Italy after 2016 total passes 100,000," *The Independent,* last modified February 23, 2016, http://www.independent.co.uk/news/world/europe/refugee-migrant-crisis-concern-unprecedented-numbers-greece-italy-2016-passes-100000-a6891101.html.; Patrick Wright, "More than 135,000 migrants arrived in Europe by boat in first half of 2015: UNHCR," *Australian Broadcasting Corporation,* last modified July 3, 2015, http://www.abc.net.au/news/2015-07-03/more-than-135000-refugees-arrived-in-europe-by-boat-2015-unhcr/6593290.

14 Martin Chulov, "Half of Syrian population 'will need aid by the end of year'," *The Guardian,* last modified April 19, 2013,, http://www.theguardian.com/world/2013/apr/19/half-syrian-population-aid-year.

15 Naomi Grimley, "Syria war: The plight of internally displaced people," *British Broadcasting Company News,* last modified September 10, 2015, http://www.bbc.com/news/world-middle-east-34189117, ; Amnesty International reports that rich Middle East Islamic countries have not offer to resettle Syrian refugees: Qatar, United Arab Emirates, Saudi Arabia, Kuwait, and Bahrain. "Syria's refugee crisis in numbers," *Amnesty International,* last modified February 2-16, https://www.amnesty.org/en/latest/news/2016/02/syrias-refugee-crisis-in-numbers/.

16 Piotr Juchno and Alexandro Bitoulas, "Asylum in the EU: The number of asylum applicants in the EU jumped to more than 625 000 in 2014," *Eurostat Newsrelease,* last modified March

Juchno and Bitoulas report the top three's statics as related to the January-December 2015 refugee crisis in EU-28. The top three countries with the most first time asylum applications are Germany (442,000), Hungary (174,000), and Sweden (156,000). The top three first time asylum applicants are from Syria (360,000), Afghanistan (178,000), and Iraq (122,000).[17] Desilver reveals information about approved asylums between January-August 2015 in EU-28. The top three nationalities that received approval for asylum status are Syrians, Eritreans, and Iraqis (94.8%, 88.5%, 87.1% respectively); the top five EU countries that granted most asylum approvals are Bulgaria, Denmark, Malta, Sweden, and Cyprus (90.0%, 85.2%, 76.2%, 74.2%, and 73.1%).[18]

The networks of human smugglers were integral parts of the massive refugees who came to Europe in 2015 by land, sea, and air routes to arrive at their countries of destination.[19] "The criminal network stretch from sub-Sahara to Scandinavia . . . and [in 2014,] Europol identified 10,700 suspects."[20] Based on interviews carried out by Europol, 90 percent of asylum seeker paid "between $3,000 and $6,000 to a criminal facilitator for their journey . . . a turnover in 2015 of between $3bn-$6 bn . . . close to rivalling the trade of illicit drugs."[21] A

20, 2015, http://ec.europa.eu/eurostat/documents/2995521/6751779/3-20032015-BP-EN. pdf/35e04263-2db5-4e75-b3d3-6b086b23ef2b.; Peter Yeung, "Asylum seeker applications in Europe double to record 1.2 million," *Independent,* last modified March 7, 2016, http://www. independent.co.uk/news/world/europe/asylum-seeker-applications-refugee-2015-migrant-crisis-a6915681.html.

17   Juchno and Bitoulas, "Asylum in the EU member states," 2016.

18   Drew Desilver, "Europe's asylum seekers: Who they are, where they're going, and their chances of staying," *Pew Research Center,* last modified September 30, 2015, http://www.pewresearch. org/fact-tank/2015/09/30/europes-asylum-seekers-who-they-are-where-theyre-going-and-their-chances-of-staying/.

19   Barbara Tasch and Mike Nudelman, "This map shows the routes of Europe's refuge nightmare-and how it's getting worse," *Business Insider,* last modified September 15, 2015,   http://www. businessinsider.com/map-of-europe-refugee-crisis-2015-9.

20   Europol is the official intelligence agency of the European Union. Money in $ sign is the US Dollar. Charlotte MacDonald-Gibson, "Refugee crisis: Human traffickers 'netted up to £4bn last year'," *Independent,* last modified January 17, 2016, http://www.independent.co.uk/news/world/ europe/refugee-crisis-human-traffickers-netted-up-to-4bn-last-year-a6816861.html.; The officials are concerned with missing 10,000 unaccompanied minors after they get registered in Italy. According to the European Union's Europol police agency, this is a conservative estimate of missing children. Dagmar Breitenbach, "Thousands of refugee children simply disappear," *Deutsche Welle,* last modified February 2, 2016, http://www.dw.com/en/thousands-of-refugee-children-simply-disappear/a-19020934.

21   Charlotte MacDonald-Gibson, "Refugee crisis," 2016.

chartered flight directly from Turkey to Sweden costs $10,000 per person.[22]

On August 2015, Germany declared an open-door policy toward Syrian refugees saying "[a]ll current expulsion orders for Syrian asylum-seekers will be revoked . . . Germany will become the member state responsible for processing their claims becom[ing] the first country that suspend the 'Dublin Regulation,' and Sweden soon followed. It proclaimed their open-door policy toward Syrian refugees, stating "Syrian refugees would be granted permanent residency and the rights to resettle their entire families within their country" regardless of which EU-28 country they first entered.[23]

Since Syrians are specially favored by Germany and Sweden giving first time asylum in EU-28 due to ongoing wars,[24] there is a booming business of making fake Syrian passports for Muslim refugees who are coming into Europe.[25] A fake Syrian passport, ID card or birth certificate is available within 10 days for as little as $250 a piece, and a genuine Syrian Embassy issued passport may be obtained within 4 days for a fee of $2,500 in Sulaymaniyah, Iraq.[26]

However, by November 2015, both Germany and Sweden retracted from their open-door asylum policy. Germany announced that they will no longer have open-door asylum policy and Sweden declared that they might reject 800,000 out of 163,000 applications in 2015.[27] An anti-open-door asylum policy in Germany

---

22   Michael Birnbaum, "Smuggling refugees into Europe is a new growth industry," *The Washington Post,* last modified September 15, 2015, https://www.washingtonpost.com/world/europe/smug-gling-refugees-into-europe-is-a-new-growth-industry/2015/09/03/398c72c4-517f-11e5-b225-90edbd49f362_story.html.

23   Birnbaum, "Smuggling refugees into Europe," 2015.

24   "Syria: The story of the conflict," *British Broadcasting Company News,* last modified February 3, 2016, http://www.bbc.com/news/world-middle-east-26116868.

25   Souad Mekhennet and William Booth, "Migrants are disguising themselves as Syrians to enter Europe," *The Washington Post,* last modified September 23, 2015, https://www.wash-ingtonpost.com/world/europe/migrants-are-disguising-themselves-as-syrians-to-gain-entry-to-europe/2015/09/22/827c6026-5bd8-11e5-8475-781cc9851652_story.html?tid=a_inl.

26   Birnbaum, "Smuggling refugees into Europe," 2015.; Fazel Hawramy, Phoebe Greenwood, Milan Dinic, and Patrick Kingsley, "How easy is it to buy a fake Syrian passport?," *The Guardian,* last modified November 17, 2015, http://www.theguardian.com/world/2015/nov/17/how-easy-is-it-to-buy-fake-syrian-passport.

27   51% approved rate in Sweden. In Jan-June 2015, EU-28 averaged 45% approval of first time applicants. Giulio Sabbati, Eva-Maria Poptcheva, and Susan Saliba, "Asylum in the EU: Fats and Figures," *European Parliamentary Research Service,* Briefing (March 2015), http://www.europarl.europa.eu/RegData/etudes/BRIE/2015/551332/EPRS_BRI(2015)551332_EN.pdf.; "EU mi-grant crisis: Sweden may reject 80,000 asylum claims," *British Broadcasting Company News,* last

exploded with 2016 New Year's sexual assaults in Cologne, when 22 out of 32 crime perpetrators were identified as asylum seekers from that country.[28] Under the pressure mounting from both public and her own Christian Democratic Union (CDU) political party, Prime Minister Merkel articulated further about limits to her open-door policy for asylum seeking Syrian refugees.[29] On January 30, 2016, in a regional CDU meeting in the Mecklenburg-Western Pomerania state, Merkel said:

> We need ... to say to people that this is a temporary residential status and we expect that, once there is peace in Syria again, once IS has been defeated in Iraq, that you go back to your home country with the knowledge that you have gained.[30]

Yet, so far, this statement has neither decreased the rate of incoming Muslim refugees into Europe[31] nor appeased the anti-immigrant sentiment of Germany.

---

modified January 28, 2016, http://www.bbc.com/news/world-europe-35425735.

28   "New year's eve assaults spark anti-immigrant protests in Germany," *National Broadcasting Company News,* last modified January 9, 2016, http://www.nbcnews.com/slideshow/new-year-s-eve-assaults-spark-anti-immigrant-protests-germany-n493381.

29   There are "considerable efforts . . . particularly within the European Commission . . . trying to separate political violence from Islam," George Joffé, "Confrontational mutual perceptions and images: Orientalism and Occidentalism in Europe and the Islamic world," *The International Spectator* 42, no. 2 (2007): 161-177, 173; The 'failed' multiculturalism integration policy of Muslim minorities in Europe which add anxiety to Europeans can be traced back to colonial history and classical theological response to increasing migration of Muslims to no-Muslim states, *Dar al-Harb,* the land of war, Nina Wiedl, "Dawa and the Islamist Revival in the West," *Current Trends in Islamic Ideology 9* (2009): 120-150.

30   Andreas Rinke, "Germany's Merkel says refugees must return home once war is over," *Reuters,* last modified January 30, 2016, http://www.reuters.com/article/us-europe-migrants-germany-refugees-idUSKCN0V80IH.

31   Matter of fact, January and February of 2016 had highest arrival of asylum with 100,000 (Dearde, "Refugee crisis," 2016) in comparison to 11,730 in 2015 and 7,630 in 2013 (Wright, "More than 135,000 refugees," 2015).

II. DESCRIPTIVE AND PRESCRIPTIVE OF MUSLIM EVANGELISM

1. COME AND SEE: CHALLENGES FOR EVANGELISM

Germany may have been politically divided over the open-door policy for Syrian refugees, but the country is united in anger against migrants. One interview was conducted with Evangelical Christian Ana (pseudonym, an Asian-American) a member of a large English speaking international church in northern Germany. The congregation is multi-ethnic and members are from many different countries. The majority of church members are composed of Germans and first generation immigrant families. The multidimensionality of the congregation includes people between highly skilled to 3D migrants; postdoctoral to illiterates; established traditional German families to fresh-of-the-boat refugees. The main church life is their weekly small group Bible Study in various church members' homes. Ana shares her experience of how recently arrived refugees changed the atmosphere in the city and what is going on in her church.

Ana speaks:
Germans are so angry. And church is divided. It is incredible. I have never experienced Germans like this before. You can easily hear loud comments like 'oh, look at them with so many children' on streets, referring to large sized Muslim families. The discrimination does not stop with Muslims. It is against all minorities. The city has changed. Everyone is so sensitive these days. People are on the edge. You have to be very careful about your comments about everything—especially about minorities. In my work place I see people getting emotional whenever the topic is about the minority. People get loud and argue right away. They cannot discuss it anymore. They are too emotional on this topic. It is a very polarizing subject. Ok, I understand that they might not be Christians. But that is similar inside the church too. Ok, no one is shouting or anything like that, but people inside the church are cautious.

We do not have a goal, or a plan, or a vision for refugees as a church. We do not have any programs specially for refugees right now. Our church is in transition right now. We have been looking for a pastor for few months. And because we are looking for a head pastor right now, I think we as a church have not come to say 'this is what we are going to.' But I think it will change once a pastor comes.

You know our church have Iranians. They have been coming to our church for a long time. These days, some of them have been going to refugee centers and have been bringing them to the church. And every week we have new families coming to our Sunday worship. Sometimes the families come back and sometime they do not. But we always have some refugees in the church every Sunday. One family is like 10 or 20 people. They sit and listen to the translation and then they come to the fellowship hall after the worship. Many people are very welcoming to refugees but not everyone. They say "Hi! Welcome!" and then that's it. I just think that they are not . . . I don't know what to say after that. I think the issue is being comfortable, not that they do not want refugees coming to our church.

Everything done in the church for refugees are done voluntarily by individuals. They come together and they organize things all by themselves. The Iranians, they go to refugee centers and they share Gospel with them. I don't know of any other people in the church going there with them. I think language is a big issue.

Yeah, I know some people in Germany want refugees to stay out. And some want refugees to leave Germany right away.

Yeah…they need so many things right now for survival. But those things are easy to meet.

I think we should welcome refugees. After all, Germany is a Christian country and it shows in their social welfare system. The government has so many programs and they offer so many services to help refugees to start their lives in Germany. It is amazing. And they are all free for them. Where and when would Muslim refugees experience this kind of generosity from the government? I think this is a chance—a chance to really show to the Muslims the real love of Christ by coming along and walking with them in their "new" life.

In my workplace, many German co-workers sign up to become legal guardians for refugee children to be a liaison between the school and parents who cannot speak German and have no understanding of German school system. These people are not even Christians. The legal guardian goes to school and talks with school teachers and then goes to the child's home and explains to them about what is going on with their child's school. I think Christians can do so many things. They are… the refugees are here really with nothing.

Of course there will be Muslims taking advantage of the [refugee] system and of churches as well. But we cannot know what really is in their hearts. Can we? So I think we should take opportunity to show real love of Christ. We do not know how long Muslim refugees will be here. But if you give them a choice, they will all stay here. None of them will go back to their home country. There is nothing there. And you know there is enough jobs for Germans and for refugees, too. You know what is the most difficult thing in sharing Christ? It is the expectation of church people for quick a conversion. We do not like to wait. We want 'boom' share, and 'boom,' here is conversion. I think people want to see conversions of refugees right away but things do not work that way. It takes time—a long time. It is not popular, you know, but… I think church should be ready to provide long term care for them.

So, we need to think long term investment . . . to come alongside them to get settled here is first, and then help their children to do well in schools. It is really going to be tough on kids. School in Germany is not easy. Kids will need extra help with school work for a long time. And I think church people can get involved here for a long time and make connection with the family and stay with them, stay in their kids life for a long time. I think there is no parent who would not be thankful if they find adults who are willing to help when they cannot help their own children. I think this is one way we can show Christ's love to them.

You know they might turn to God or not. But that should not concern us. We should be concerned with what we can help and then give them and trust that God will do His part.

I think I am more worried about Christians than Muslims themselves. I think we are too impatient when it comes to evangelism and we want to see conversion right away. I have a feeling it is not doing to be like that and lot of Christians are just going to be going on with their own busy lives. The attention from Christians outside Europe will go away and we are here left with Muslims, who do not know Christ (Personal Interview February 25, 2016).

Ana makes no distinction between asylum seekers and refugees. Ana's comments reveal that even though there no official church wide project to help refugees in her city, Iranian ex-Muslim converts in her city are reaching out to refugees on their own initiatives. There seems to be a contemplative mode, an unarticulated modus operandi of the church as whole on how to care for refugees in the city. Yet, the leadership of Iranians is effective since families from the refugee centers are coming to the church every week.

Ana brings out the complex challenges of Muslim refugee evangelism in three categories: communicational (language), social, and cultural.

The first difficult challenge with Muslim refugee ministry has to do with the language. Most of the recently arrived Muslim refugees in Germany are not fluent in German and/or English. Hence outreach to Muslim refugees depends heavily on Arabic, Persian, and Urdu language speakers. It would be challenging to lead disciple making ministry without the help of an interpreter. Intimate counseling opportunities to openly talk about problems will be limited—a hurdle for any refugee person to sufficiently share with Christians who are ministering to them.

The second challenge to Muslim refugee evangelism is to find ways to embed oneself within their 'collective' base of a Muslim society.[32] Islam also teaches Muslims to be tightly bound within layers of concentric circles beginning with blood-relations at the center to the outermost layer of global ummah of Muslims. Ana mentioned that atheist Germans are volunteering to be a part of the legal guardian system for children's schools of refugee families. Regardless of any religion or race or culture, perhaps children are the most important in the parents' lives. The legal guardianship of minors in Germany is a one-way route for Christians, hardly a natural part of the Muslim family and their world in

---

32 "Islam . . . introduces more of a focus on the collective, society." Ann Kumar, "Pancasila Plus, Pansasila Minus," In *Islam: Essay on Scriptures thought and society: A festschrift in honour of Anthony H. Johns, ed* Ed. Peter G. Riddell and Tony Street, 253-276. (Leiden, The Netherlands: Brill 1997), 273.

the beginning. You get to know them and they get to know you personally and establish a relationship of trust over many years. Christians can also volunteer to help with children's homework and also tutor them so that children can make up for lost school time due to wars. Parents will have tangible proof that Christians care for them, because they know that their children with better academic performance will have a good chance of getting a better education, and by extension, a better life in Germany –something with which parents cannot help their children – since they do not know the German language and the school system. In this way, a Christian can enter a Muslim's family circle by directly getting involved with their children's integration into the German society. Timing is crucial. If Muslim refugees' needs are being met by other Muslims in Germany, they will not readily be open to associate with non-Muslims because of their Muslim collective culture.

The third challenge is finding ways to introduce a cultural conversion so that it will pave the way for their religious and spiritual conversion from Islam to Christianity. Islam stresses the 'collective society' which breeds 'collective culture'[33] and births 'collective identity'[34] rather than 'individual identity.'[35] The group gives a person meaning and significance of life, and thereby resists a true conversion. The change from 'collective identity' to 'individual identity' is possible if a person can recall enough personal experiences from which he/she can draw out life principles from it.[36]

The collective culture versus the individual culture gap is perhaps more challenging than the language gap. The Christian salvation fundamentally assumes an individual's personal response to Jesus' calling.3737 Through autobiographical

33 Marwan Adeeb Dwairy, *Counseling and Psychotherapy with Arabs and Muslims: A cultural sensitive approach*, foreword Paul B. Pedersen (New York, NY: Teachers College Press 2006). 23.

34 Francesca Polletta and James M. Jasper, "Collective Identity and Social Movements," *Annual Review of Sociology* 27, no. 1, (2001): 283-305.

35 The self-actualization, the basic element of individual identity is not acceptable in the Islamic collective society. Individuals are a part of the whole. Dekhell Mohammed H. Al-Bahadel, *The feasibility of introducing counselling for women and family therapy into society within Saudi Arabia*, (Norwich , UK: University of East Anglia, 2004), unpublished PhD Dissertation.

36 Trevor Watkins, "Time and space, memory, and identity in the early Neolithic of Southwest Asia," In *Space and time in Mediterranean Prehistory*, eds. Stella Souvatzi and Athena Hadji, 101-119. (New York, NY: Routledge, 2014), 113-115.

37 For example, "Listen! I stand at the door and knock. If anyone hears My voice and opens the door, I will come in to him and have dinner with him, and he with Me," (Revelation 3:20; Hol-

and episodic memories,[38] an individual's identity may be established for people who come from collective culture background. Without an experience of self-personalization, the idea that Jesus death on the cross is for my sins, the atonement might never be personalized in one's heart.

These three challenges for Muslim refugee evangelism is time consuming. The greatest challenge may have to do with the Evangelicals' greatest strength— passionately wanting to see people come to Christ as soon as possible. As Ana said, it will take a lifetime commitment to see fruits of your labor, because doing well in the German school system is very hard that you need to stay with the children until they find a job.

Ana thinks that most Muslim refugees came with little or no understanding of Christ in the Bible. Christian workers need to start from Genesis and work their way through cultural misrepresentations, which is prevalent among Muslims. The discrepancy between past hearsays about Christians and their own discovery about Christians through current life experiences in a non-Muslim society (therefore, necessarily 'in a Christian society' in the minds of dualistic worldview of Muslims)[39] would facilitate new personal knowledge about 'what they knew' and 'what they now know' via *différance.*[40]

The kindness of Christians will be duly noted by Muslim refugees. And the slow current of changes is now undergoing in their hearts. But how many churches and Christians would commit their resources for even one generation? It is possible if we can work to make a chain of collaborative partners to remain in the lives of Muslim refugees until they hear Jesus calling their names and open the door of their hearts.

If the interview with Ana in Germany provided a description of current challenges of Muslim refugee evangelism, interviews with John and Charles in Belgium reveal a chain of collaborative partners networking and channeling resources for effective evangelism to Muslim refugees.

---

man Christian Standard Bible).

38   Trevor Watkins, "Time and space, memory, and identity," 2014.

39   Peter Mandaville, *Islam and Politics*, 2nd ed. (New York, NY: Routledge, 2014).

40   Jacques Derrida, *Margins of Philosophy,* trans. Alan Bass (Chicago & London: Chicago University Press, 1982).

2. GLOBAL NETWORKS & CHANNELING:
MISSIONS STRATEGY

While the previous section was predominantly descriptive of where Muslim refugees are as of now, this section will deal more with the prescriptive side – how it is attempted now and in the future. Like Iranians in Germany, the Arab Christians are the first line of contact with Muslim refugees in Belgium. Peter (pseudonym), a Christian worker in Belgium is well respected and connected with all churches in Belgium. He comments on the recent Muslim refugee situation in Belgium. Peter speaks:

I am still going to refugee centers every week and we still have weekly Bible Studies in our church who are interested in learning about Jesus and the Bible. You know, people come and people go. But we are here. You know, we have good 20 people coming to the weekly Bible Study.

The refugee center is quite normal, you know. But we have new refugees from this wave of refugees. Everything is the same. There is no change in Belgium with recent refugees coming to Europe. Life is normal, usual. The government is not making any big announcements like Germany. And Belgians are demonstrating in streets like in Germany. It is very different from Germany. I was just there for a three day conference last week. It felt very different.

You know the country is trying to do as little as possible. We are not like Germany who needs cheap laborers. We have lots of Moroccans and they have many children. So we will not run out of cheap labor for a while. Belgium has to take in refuges because they are a part of EU, but they will try to take in Christians. They have too much problems already with Moroccans and Turks who are already here.

Yeah, the recent refugees need basic stuff like any other refugees. With so much news about Muslims and refugees on TV, Christians in Belgium are showing more interest in Muslim evangelism in the country. Many Christians are coming to our church on Sundays to worship with us and to meet Muslim refugees, and some have come to join our weekly Bible Study to build relationships with Muslim refugees. I would say that this is one good thing that happened with the last year's refugee crisis.

There are more Christian groups coming to do different things in the refugee center that I go and do Bible Study there. As always, when I meet a refugee who wants to go to an ethnic church, I give Bob's (pseudonym) information and I bring Bob next week to meet this new person. I am also working with few other international churches in the country in other ministries too. One church has sent lots and lots of care packages and Bibles to be distributed to recently arrived refugees and a small group from that church has been coming with me to the refugee center to lead the Bible Study. You come and you do this and that and then you leave. But having other people involved in Muslim evangelism for a season is better than not having them.

For short term help, we could use counseling help. There are people who have trauma from coming here and living as refugees. But you know that the trauma is over in few times. But the real problem is what to do after you are not traumatized anymore. What do you do after trauma is over? You need to live. And that needs a lot of help for a long time. Who is going to help them to go through very, very, long asylum process in Belgium? As you know the government takes forever to do anything here.

I do not want people to send money before they come and see what we are doing. I want Christians who are interested in Muslim missions to spend time with us. Get to know us and know them [the people that we minister to] and then talk with us. Ask questions. Take time to pray and tell us how you think you can partner with us for a long term. We have many, many, needs. (Personal Interview, February 10, 2016)

The second interview in Belgium is with Charles (pseudonym), a pastor of an international church. His church does not have any church wide programs or outreach projects for Muslims and/or refugees in Belgium. However, the church collected special offerings to prepare care packages for refugees and sent them to Peter. Also a small group of volunteers have decided to join Peter when he leads weekly Bible Study at the refugee center.[41] Charles speaks,

> No, we do not have any goals for Muslim refugee ministries right now and do nothing we will. Peter is doing a great job. We want to support his work. He speaks the language and he is right next to the refugee center and our church is far away. The work with Muslims from our church is strictly on volunteer basis. We know Peter for a very long time. We know his work. So people contact Peter and they make arrangements with him directly. There is a small group in the church whose members have real heart for Muslim evangelism. They came and told me that they wanted to volunteer with Peter more regularly. I am all for it. As far as I know, they have been going to the refugee center weekly with Peter and they are very happy doing that.

> We did sent Peter basic kits the other day. As a church we wanted to do something for recent refugee crisis. So we collected special offering and made a small kit of basic necessities. You know, tooth brush, tooth paste, comb, shampoo, bandages, and so on. We also made some care packages with foods, clothes, and Bibles. We made them and gave them to Peter to distribute. When care packages are gone, we will send more. We plan to keep making more. (Personal Interview, February 15, 2016)

Peter and now John appear to be front runners in Muslim refugee evangelism in Belgium. Through years of his faithful ministry, Peter and Christians in Belgium seem to be channeling and networking together so that different churches are not competing against one another to have more 'converts' added to their church.

The signs of networking and channeling are observable in Belgium. Christian leaders are making choices to support one another's work. Pastor Charles says his church does not have any future plans for Muslim ministry because they are far away from the refugee center. However, it makes me wonder if this may

---

41   You need a government recognized certificate and a permit to go to any refugee centers in Belgium and lead a Bible Study. Visitors are not allowed.

be the humble way to say that he wants to support Peter's work among Muslims because the actual distance is not too far way and many refugees prefer to learn English as Second language rather than Dutch and French. After all, they meet more English than any other language speaking people, mostly Christians.

When Peter and Bob saw that more Muslims were coming to Belgium as refugees than in the 1990s, they decided to work along them as well. There was a simultaneous translation to French by Bob that was helpful for many Muslims. Other international and Belgium churches come alongside Peter and Bob at different times to help with Muslim refugee evangelism.

Another example of network and channeling is with the 'Serve the City.'[42] This is a global movement to bring Christian volunteerism out of church building to surrounding streets. The Belgium chapter is doing refugee ministries in the same city as Peter is doing. 'Serve the City' has weekly social, legal, and medical teams and activities team. They coordinate their weekly events with Peter so that some kind of Christian presence is in the refugee center five times a week.

The most important thing in this chain of collaborative partnership is John, a young man who has been a disciple of Peter and then commissioned to another city in Belgium. He was known for this faithfulness, but now, in short three years, he is gaining respect as the young pastor from many in Belgium. The prescriptive on how to maximize Christian presence in Muslim refugees' lives can be achieved through networking and channeling, requiring three things: respect for one another, support for one another, and long term faithfulness in God.

III. CONCLUSION

The historic wave of 1.26 million refugees to Europe in 2015 has changed the world. The advancement of Information Technology opened a new chapter in human migration. With mobile phones on their hands, refugees from 134 different nations walk through the gates of Fortress Europe and applied for asylum. The spirit of oneness in the European Union is under duress with many member states putting up barbed wire fences along their borders.

Economic insecurity, political insecurity, and social insecurity have been

---

42   Serve the city, http://www.servethecity.net/about/.

the impetus for these 930,000 Muslim asylum seekers in Europe who otherwise would hardly see themselves as refugees hoping for a better life.

As it turns out, there seems also hope for Muslims to see another world, spiritually speaking. Migration from *Dar al-Islam* in search for a better life in Europe engages them to agents of a better Kingdom. The search for better life does stop within the borders of European Union.

Evangelism to Muslims in Europe has great challenges to traverse from the Westerner's individualistic culture to collective culture, but then to transform collective identity of Muslims to individual identity. Time is of the essence when reaching out to Muslim refugees. Christians need to embed themselves deeply into their personal and family lives before they are absorbed into the existing European Muslim community. Networking and channeling of resources and evangelism efforts help to chain Christian presence in the lives of Muslim refugees from their pre-conversion stage to become themselves agents of the good news.

● REFERENCES CITED

Al-Bahadel, Dekhell Mohammed H. *The feasibility of introducing counselling for women and family therapy into society within Saudi Arabia.* Norwich , UK: University of East Anglia, 2004. Unpublished PhD Dissertation.

"Asylum and first time applicants by citizenship, age, and sex Annual aggregated data (rounded)." *Eurostat.* http://appsso.eurostat.ec.europa.eu/nui/submit-ViewTableAction.do.

"Asylum-seekers." *United Nations High Commissioner for Refugees* (UNHCR). http://www.unhcr.org/pages/49c3646c137.html.

Birnbaum, Michael. "Smuggling refugees into Europe is a new growth industry." *The Washington Post.* Last modified September 15, 2015. https://www.washingtonpost.com/world/europe/smuggling-refugees-into-europe-is-a-new-growth-industry/2015/09/03/398c72c4-517f-11e5-b225-90ed-bd49f362_story.html.

Breitenbach, Dagmar. "Thousands of refugee children simply disappear." *Deutsche Welle.* Last modified February 2, 2016. http://www.dw.com/en/thousands-of-refugee-children-simply-disappear/a-19020934.

Chulov, Martin. "Half of Syrian population 'will need aid by the end of year'." *The Guardian,* Last modified April 19, 2013. http://www.theguardian.com/world/2013/apr/19/half-syrian-population-aid-year.

Dearden, Lizzie. "Refugee crisis: Concern over 'unprecedented' arrivals in Greece and Italy after 2016 total passes 100,000." *The Independent.* Last modified February 23, 2016. http://www.independent.co.uk/news/world/europe/refugee-migrant-crisis-concern-unprecedented-numbers-greece-italy-2016-passes-100000-a6891101.html.

Derrida, Jacques. *Margins of Philosophy.* Translated by Alan Bass. Chicago & London: Chicago University Press, 1982.

Desilver, Drew. "Europe's asylum seekers: Who they are, where they're going, and their chances of staying." *Pew Research Center.*Last modified September 30, 2015. http://www.pewresearch.org/fact-tank/2015/09/30/europes-asylum-seekers-who-they-are-where-theyre-going-and-their-chances-of-staying/.

Dwairy, Marwan Adeeb. *Counseling and Psychotherapy with Arabs and Muslims: A cultural sensitive approach.* Foreword by Paul B. Pedersen. New York, NY: Teachers College Press 2006.

"EU migrant crisis: Sweden may reject 80,000 asylum claims." *British Broadcasting Company News.* Last modified January 28, 2016. http://www.bbc.com/news/world-europe-35425735.

"EUROPE: Syrian asylum applications." *UNHCR The UN Refugee Agency.* http://data.unhcr.org/syrianrefugees/asylum.php.

European Union. *europa.eu.* Last modified January 25, 2016. http://europa.eu/about-eu/countries/index_en.htm.

"Factbox: Benefits offered to asylum seekers in European countries." *Reuters.* Last modified September 16, 2015. http://www.reuters.com/article/us-europe-migrants-benefits-factbox-idUSKCN0RG1MJ20150916.

Fry, Luke. "Refugee crisis timelines: How the crisis has grown." *Independent.* Last modified September 16, 2015, http://www.independent.co.uk/news/world/europe/refugee-crisis-timeline-how-the-crisis-has-grown-10502690.html.

Grimley, Naomi. "Syria war: The plight of internally displaced people." *British Broadcasting Company News.* Last modified September 10, 2015. http://www.bbc.com/news/world-middle-east-34189117.

Gugler, Thomas K. "The new religiosity of Tabīghī Jamā 'at and Da'wat-e Islāmī and the transformation of Islam in Europe." *Anthropos.* 105, no. 1 (2010): 121-136.

Hackett, Conrad. "5 facts about the Muslim population in Europe." *Pew Research Center.* Last modified November 17, 2015. http://www.pewresearch.org/fact-tank/2015/11/17/5-facts-about-the-muslim-population-in-europe/.

Hall, Alan and John Lichfield. "Germany opens its gates: Berlin says all Syrian asylum-seekers are welcome to remain, as Britain is urged to make a 'similar statement'." *Independent.* Last modified August 25, 2015. http://www.independent.co.uk/news/world/europe/germany-opens-its-gates-berlin-says-all-syrian-asylum-seekers-are-welcome-to-remain-as-britain-is-10470062.html.

Hawramy, Fazel, Phoebe Greenwood, Milan Dinic, and Patrick Kingsley. "How easy is it to buy a fake Syrian passport?." *The Guardian*. Last modified November 17, 2015. http://www.theguardian.com/world/2015/nov/17/how-easy-is-it-to-buy-fake-syrian-passport.

Joffé, George. "Confrontational mutual perceptions and images: Orientalism and Occidentalism in Europe and the Islamic world." *The International Spectator* 42, no. 2 (2007): 161-177.

Juchno, Piotr and Alexandro Bitoulas. "Asylum in the EU: The number of asylum applicants in the EU jumped to more than 625 000 in 2014." *Eurostat Newsrelease*. Last modified March 20, 2015. http://ec.europa.eu/eurostat/documents/2995521/6751779/3-20032015-BP-EN.pdf/35e04263-2db5-4e75-b3d3-6b086b23ef2b.

_____. "Asylum in the EU member states: Record number of over 1.2 million first time asylum seekers registered in 2015." *Eurostat Press Office*. Last modified March 4, 2016. http://ec.europa.eu/eurostat/documents/2995521/7203832/3-04032016-AP-EN.pdf/790eba01-381c-4163-bcd2-a54959b99ed6.

Kumar, Ann. "*Pancasila* Plus, *Pansasila* Minus." In *Islam: Essay on Scriptures thought and society: A festschrift in honour of Anthony H. Johns*. Edited by Peter G. Riddell and Tony Street, 253-276. Leiden, The Netherlands: Brill 1997.

Lorant, Karoly. "The demographic challenge in Europe." *European Parliament*. Last modified April 2005. http://www.europarl.europa.eu/inddem/docs/papers/The%20demographic%20challenge%20in%20Europe.pdf.

MacDonald-Gibson, Charlotte. "Refugee crisis: Human traffickers 'netted up to £4bn Last year'." *Independent*. Last modified January 17, 2016. http://www.independent.co.uk/news/world/europe/refugee-crisis-human-traffickers-netted-up-to-4bn-Last-year-a6816861.html.

Mandaville, Peter . *Islam and Politics*. 2nd ed. New York, NY: Routledge, 2014.

Mekhennet, Souad and William Booth. "Migrants are disguising themselves as Syrians to enter Europe." *The Washington Post*. Last modified September 23, 2015. https://www.washingtonpost.com/world/

europe/migrants-are-disguising-themselves-as-syrians-to-gain-entry-to-europe/2015/09/22/827c6026-5bd8-11e5-8475-781cc9851652_story.html?tid=a_inl.

"Migrant crisis: Macedonia shuts Balkans route." *British Broadcasting Company News*. Last modified March 10, 2016. http://www.bbc.com/news/world-europe-35763101.

"New year's eve assaults spark anti-immigrant protests in Germany." *National Broadcasting Company News*. Last modified January 9, 2016. http://www.nbcnews.com/slideshow/new-year-s-eve-assaults-spark-anti-immigrant-protests-germany-n493381.

OECD. "Fertility Rates." Society at Glance 2009: OECD social indicators. http://dx.doi.org/10.1787/soc_glance-2008-en.

Pop, Valentina Pop and Andrea Thomas. "Germany Eases Rules for Syrian Refugees." *The Wall Street Journal*. Last modified August 25, 2015. http://www.wsj.com/articles/germany-eases-rules-for-syrian-refugees-1440530030.

Polletta, Francesca and James M. Jasper. "Collective Identity and Social Movements." *Annual Review of Sociology* 27, no. 1 (2001): 283-305.

"Region: Europe." http://www.pewforum.org/2011/01/27/future-of-the-global-muslim-population-regional-europe/.

Rinke, Andreas. "Germany's Merkel says refugees must return home once war is over." *Reuters*. Last modified January 30, 2016. http://www.reuters.com/article/us-europe-migrants-germany-refugees-idUSKCN0V80IH.

Sabbati, Giulio, Eva-Maria Poptcheva, and Susan Saliba. "Asylum in the EU: Fats and Figures." *European Parliamentary Research Service*. Briefing (March 2015). http://www.europarl.europa.eu/RegData/etudes/BRIE/2015/551332/EPRS_BRI(2015)551332_EN.pdf.

"Schengen area." *European Commission: Migration and home affairs,* Last modified January 29, 2016. http://ec.europa.eu/dgs/home-affairs/what-we-do/policies/borders-and-visas/schengen/index_en.htm.

Serve the city. http://www.servethecity.net/about/

"Syria: The story of the conflict." *British Broadcasting Company News*. Last modified February 3, 2016. http://www.bbc.com/news/world-middle-east-26116868.

"Syria's refugee crisis in numbers." *Amnesty International*. Last modified February 2016, https://www.amnesty.org/en/latest/news/2016/02/syrias-refugee-crisis-in-numbers/.

Tasch, Barbara and Mike Nudelman. "This map shows the routes of Europe's refuge nightmare-and how it's getting worse." *Business Insider*. Last modified September 15, 2015. http://www.businessinsider.com/map-of-europe-refugee-crisis-2015-9.

"Temporary reintroduction of border control." *European Commission: Migration and home affairs*. Last modified March 8, 2016. http://ec.europa.eu/dgs/home-affairs/what-we-do/policies/borders-and-visas/schengen/reintroduction-border-control/index_en.htm.

"Timmermans: meer dan helft vluchtelingen heeft economisch motief." *Nederlandse Omroep Stichting*. Last modified January 25, 2016. http://nos.nl/artikel/2082786-timmermans-meer-dan-helft-vluchtelingen-heeft-economisch-motief.html.

UN High Commissioner for Refugees (UNHCR). *Handbook and Guidelines on Procedures and Criteria for Determining Refugee Status under the 1951 Convention and the 1967 Protocol Relating to the Status of Refugees*. December 2011, HCR/1P/4/ENG/REV. 3. http://www.refworld.org/docid/4f33c8d92.html.

Watkins, Trevor. "Time and space, memory, and identity in the early Neolithic of Southwest Asia." In *Space and time in Mediterranean Prehistory*. Edited by Stella Souvatzi and Athena Hadji, 101-119. New York, NY: Routledge, 2014.

Wiedl, Nina. "Dawa and the Islamist Revival in the West." *Current Trends in Islamic Ideology 9* (2009): 120-150.

Wright, Patrick. "More than 135,000 refugees, migrants arrived in Europe by boat in first half of 2015: UNHCR." *Australian Broadcasting Corporation*. Last modified July 3, 2015. http://www.abc.net.au/news/2015-07-03/more-than-135000-refugees-arrived-in-europe-by-boat-2015-unhcr/6593290.

Yeung, Peter. "Asylum seeker applications in Europe double to record 1.2 million." *Independent*. Last modified March 7, 2016. http://www.independent. co.uk/news/world/europe/asylum-seeker-applications-refugee-2015-mi-grant-crisis-a6915681.html.

● 서평

UNDERSTANDING INSIDER MOVE-MENTS: DISCIPLES OF JESUS WITHIN DIVERSE RELIGIOUS COMMUNITIES edited by Harley Talman and John Travis.

(Pasadena, CA: William Carey Library, 2015)

권지윤[1]

할리 탈만(Harley Talman)[2]과 존 트라비스(John Travis)[3]에 의해 편집된 Understanding Insider Movements는 2015년에 출간되었다. 이 책은 전체적으로 7개의 Part로 나뉘어져 있으며, 7개의 Part에 64개의 Eassay를 담고 있다. 700페이지에 이르는 대단히 큰 Volume의 책이다. 700페이지 전체가 내부자운동(Insider Movement)을 이해하기 위한 다양한 렌즈를 제공하고, 독자들이 내부자운동에 대하여 심층적인 질문을 스스로에게 던져보며, 이 책에서 제시된 내부자운동이 받고 있는 오해와 편견 또는 한계를 되짚어 볼 수 있다. 더 나아가 현대 선교적 흐름과 관련하여 내부자운동에 대한 새로운 평가를 강조하고 있다. 이러한 과정을 통하여 독자들이 내부자운동에 관하여 보다 신학적으로 적합한 가치관을 형성하고 폭 넓은 범위에서 과거와는 다른 해석을 하도록 돕는다. 따라서 이 책을 통해 독자들은 선교라는 대 주제 안에서 내부자운동을 개념적으로 구조화시켜 볼 수 있다. 다시 말하면, 기독교 선교라는 틀 안에서 내부자운동을 살펴볼 때 숲과 나무 모두를 간과하지 않

---

1   햇불트리니티 한국이슬람연구소 부소장

2   17년 넘게 아랍지역에서 Church Planting과 Theological Education에 힘써온 사역자이며, Southern California에서 성서, 선교, 이슬람학을 가르치는 교수로 재직하였다.

3   C spectrum이론을 1998년 발표함으로 무슬림선교에 있어 세계적으로 큰 이슈를 만들었다.

고 동시에 정리해볼 수 있을 것이다.

각각의 Part는 내부자운동을 이해하기 위한 특정한 주제를 가진다. 예를 들어 Part 4는 Contextualization, Religion, and Syncretism이며, Part 7은 Identity이다. 이러한 주제를 중심으로 다양한 배경을 가진 저자들이 내부자운동을 평가하고 재해석하며 독자들의 이해를 돕고 있다. Part 1, Part 4를 비롯하여 각각 주어진 주제들은 내부자운동이라 하면 충분히 다루어 져야 할 당위성을 가지고 있다. 물론 이 주제들이 선교, 개종, 전도, 이러한 단어들을 나열할 때 독자들에게 특별하거나 새롭지는 않다. 이미 여러 책에서 수차례 논의된 주제들이기 때문이다. 그러나 내부자운동이라는 단어를 떠올릴 때 이 책에서 주어진 주제들은 가능하다면 더 많이 논의되어도 나쁘지 않을 것이다. 이 책이 설명하고 있는 내부자운동에 대하여 좀 더 자세히 살펴보도록 하자.

내부자운동을 설명하려고 할 때 반듯이 우선적으로 이해해야 하는 것이 있다. 그것은 존 트라비스(John Travis)의 C spectrum이다.[4] C spectrum은 모두가 알고 있듯이 내부자운동을 위한 전제를 제공하며, 무슬림 배경의 개종자들의 상황화(Contextualization)문제를 구체적으로 설명하고 있다. 여기서 가장 큰 논쟁을 불러온 것은 C5이다. C5를 놓고 많은 선교신학자들은 C5신자들을 예수를 영접한 자, 개종자 또는 그리스도인으로 말할 수 있는지, 그럴 수 없는지에 대하여 명확한 정의를 하는데 혼란스러워 한다. 필 파샬(Phil Parsahll)이 지적했던 것처럼 혼합주의에 빠지는 것은 복음전파에 있어 위험

---

4   이 글의 이해를 돕기 위해 C spectrum을 다음과 같이 간단하게 설명해보고자 한다. C1:MBBs(Muslim Background Believers)무슬림배경의 신자들은 그들의 문화와 다른 전적으로 다른, 교회 안에 있다. 그들은 특별히 그들의 문화에서 사용하는 언어가 아닌 기독교문화권에서 사용하는 언어를 사용한다. 그들은 자신을 기독교인이라 호칭한다. C2: C1과 같은 정체성을 가지고 있지만 본래 그들이 사용하던 아랍어 등의 그들 문화권의 언어를 사용한다. C3:무슬림배경의 개종자들이 문화적으로 상황화된 기독교 교회안에서 공동체 생활을 하며, 이슬람식으로 보이는 문화적 형식(의복, 종교적형태, 예식)등을 피한다. C4: 무슬림배경의 개종자들이 문화적으로 상황화된 신자공동체를 유지하며, 성서적으로 허용가는 한 이슬람적 형태(기도, 예배의식)등을 유지하며 이에 대한 성서적 의미를 재해석하려한다. 이들은 자신들을 무슬림이 아닌 기독교인이라 칭한다. C5:예수를 구원자로 따르는 무슬림들로서, 무슬림공동체에서 마음의 중심으로 그리스도를 받아들인 이들을 말한다. 이들은 문화적으로 공식적으로 무슬림이라는 정체성을 유지한다. C6:Secret(비밀스러운)/ Underground Believers(비밀스럽게 예수를 믿는 공동체, ex:지하교회)등을 포함한다(본문 26).

하기 때문이다. 이러한 이슈는 존 트라비스가 C spectrum을 발표한 이후로 끊임없는 논쟁을 거듭하고 있다. 이 책에서도 내부자운동에서 피해할 할 문제 중 하나를 혼합주의(Syncretism)로 설명하고 있다. 필자는 내부자운동에 관하여 이 책이 설명하고 있는 정의와 선교신학적 태도에 많은 부분 동의를 한다. 그렇다면 내부자운동이란 무엇인가? 이 책에서 내부자운동을 정의할 때 다음과 같이 설명하고 있다.

내부자 패러다임(Insider paradigm)은 비 기독교 공동체에 속한 사람이 자신이 본래 속해 있던 종교, 문화적 공동체를 여전히 떠나지 않고 예수를 구세주로 받아들여 신앙을 유지하는 것을 의미한다.[5]

즉 내부자운동은 할리 탈만 또는 존 트라비스의 설명대로 비 기독교적 상황에서 예수 중심의 제자훈련(Jesus-centered discipleship)또는 그리스도 중심의 공동체(Christ-Centered community)로서 비기독교적 상황에서 예수로 인하여 영적인 변화(Spiritual transformation)를 경험하는 사람들을 의미한다. 이들은 어떠한 종교적 전통이나 유산도 성서적 가치관과 맞지 않는다면, 재해석하고 거부하며, 새롭게 수정 할 수 있다. 예를 들어 내부자운동은 이슬람뿐만 아니라 힌두교, 불교 그리고 유대교에서도 일어날 수 있는데, 전통적으로 유대교가 예수를 메시아로 부정함에도 불구하고, 유대교 공동체, 가족 가운데 머물면서 예수를 메시아로 따르는 자들을 말한다. 무슬림 배경의 신자들도 마찬가지이다. 예수가 구원자로서 죽음과 부활을 경험한 것을 믿는 무슬림 배경의 신자들이 개종 이후에도 그들의 공동체와 가족을 떠나지 않고 머물러있다. 대부분의 기독교인들은 무슬림 배경의 신자들이 이슬람공동체에 여전히 머물러 있는 것을 이해하기 힘들다. 왜냐하면 무슬림 배경의 신자들이 이슬람이 전통적으로 예수의 죽음과 부활을 부인하고 있다는 사실을 이미 알고 있는데도 이슬람 공동체를 떠나지 않기 때문이다.[6] 힌두교는 어떠한가? 쉬운 예로, 힌두교배경의 신자들은 힌두교의 많은 신들이 자신들의 어려

---

5   본문 626.

6   본문 628

움과 삶의 문제를 해결할 수 없는 존재라는 것을 깨닫고 그들이 전통적인 신에게 기도를 하듯 예수께 기도하다가 예수를 영접하는 경우가 많다. 그럼에도 불구하고 힌두교 문화와 그 공동체 안에 머물면서 예수를 전하기도 한다. 불교 또한 마찬가지이다. 예를 들어 특별히 타이(Thai)사람들은 전통적인 불교 배경에서 예수를 통해 그들의 죄로부터 자유로워 질 수 있다고 믿는다. 아래의 예는 타이사람들 중 예수를 따르는 자들의 예수에 대한 이해를 보여준다.

> 성서는 모든 인류가 죄를 지었다고 말한다. 또한 불교는 모든 인생이 고통가운데 있다고 말한다. 불교는 그 자체로는 완전하지 않기 때문에, 불교를 따르는 자들은 그들의 죄로부터 구원을 받지 못한다. 불교는 인간 스스로 선을 행함과 악을 행함 간에 스스로의 행동에 따라 모든 것이 다 좌우된다고 가르친다. 인생은 고통의 연속이기 때문에 이러한 고통에서 벗어나는 길은 8가지의 고귀한 길을 따라 수행을 하는 것이다. 더 나아가 불교신자들은 그들이 부다의 가르침을 지속적으로 지킬 수 없다고 생각한다. 매우 소수의 불교신자들 만이 깨달음을 경험하는 열반에 이르기에 충분한 자격을 가졌다고 말한다. … 중략 … 성서와 불교의 가르침에 공통점은 죄와 고통의 원인이 소유를 위한 욕망에 있다는 것이다(창세기 3장, 선과 악의 지식에 관한 소유). 따라서 죄와 고통의 뿌리는 모든 것이 자신의 소유라는 욕망에 있다. … 중략…. 예수를 영접한 불교배경의 신자들은 진리요, 생명이신 예수가 새로운 불교신자(New Buddhists: 예수를 따르는 자)를 인간이 가진 죄와 고통의 문제로부터 벗어나 열반의 상태에 이르도록 할 것이라고 주장한다.[7]

이러한 해석이 가능하기 때문에 불교적 배경을 가진 타일랜드(Thailand)

---

7 본문 105-106

에서 예수를 따르는 자들은 자신들을 '새로운 불교신자'라고 표현한다. 그들
은 예수가 자신들을 불교에서 말하는 열반으로 데려다 줄 것이라 믿기 때문
에 그들의 종교 문화적 공동체로부터 떠나지 않아도 된다는 것이다. 따라서
그들의 공동체로부터 벗어나 기독교인이 되어 공동체 밖에 있는 낯선 외국
인(foreigner)이 될 필요가 없다.[8] 이러한 글을 읽게 되면, 독자들은 혼란스러
움을 감추지 못한다. 왜냐하면 이러한 접근이 어떤 이들에게는 혼합주의적
표현으로 이해되거나, 또 다른 이들에게는 포괄주의 더 나아가 다원주의로
도 해석될 수 있기 때문이다. 이러한 이해는 분명히 독자들의 생각속에 "기
독교"라는 단어와 "예수의 가르침을 따르는 자"라는 단어가 완전히 동일시되
고 있기 때문이다. 그러나 내부자패러다임에서 중요한 개념은 '예수는 결코
기독교라는 사회 종교 문화적 패러다임에 대하여 말하지 않으며, 예수가 말
하는 것은 단지 자신을 진실로 따르라'라고 말한다는 사실이다.[9]

이러한 주장이 힘을 얻는 것은 이 책에서 존 트라비스가 "기독교(Christian-
ity)"와 "예수를 따르는 자(Follower of Jesus)"의 의미를 좀 더 섬세하게 구분하
고 있기 때문이다. 이러한 구분은 주로 교차 문화적 사역지에서 의미가 있
다.

흔히 "기독교"라는 단어는 사회 종교 문화적 범위에서 의미를 가진다. 따
라서 기독교, 가톨릭, 그리스정교회 등으로 구분될 수 있다. 반면 "예수를 따
르는 자"는 "진정한 믿음을 가진 자", "그리스도의 가르침에 헌신하는 자"등
의 의미를 가지므로 사회 종교 문화적 범위 안에서 다룰 수 없다. 이것은 정
체성의 문제로 유대인, 무슬림, 힌두교인 그리고 불교신자 등의 영적이고,
도덕적이며, 성서학적으로 "예수의 제자 된 자"들을 일컬을 때 사용한다.[10]
요약하자면, 내부자운동은 '어떻게 타종교인이(예를 들어 무슬림 등)이 복음에

---

8 타일랜드에서는 기독교인을 타이 사람이 아닌 외국인과 동일시하는 경향이 있다. 기독교인이 되는
   것은 타이 공동체 밖에 있는 외국인이 되는 것으로 여긴다(본문 103).

9 본문 94.

10 본문 8. ; 종교와 믿음에 관한 비교는 이 책의 chapter 36 "The Incarnation, Communication, and
   Insider Movements"을 참고하라(본문 334-337).

반응하는가'에 관한 문제이다. 이 운동은 '기독교인들이 복음을 어떻게 타종
교인과 공유하는가'에 관한 문제는 아니다.

따라서 우리는 이 책을 통해 내부자운동의 주요한 신학적 특징 중 하나를
다음과 같이 깊이 이해할 수 있다. 타종교안에서 그리스도를 따르는 자로서
산다는 것이 생명의 위협을 받는 어려움에 처하기도 하기 때문에, 그리스도
를 따르는 신자로서의 영적인 정체성을 자신의 가족이나 공동체에게 숨기
려는 의도를 가지고 있는 것이 아니다. 오히려 이러한 어려움에도 불구하고
자신들의 전통적 공동체 내부에서 예수를 따르는 자들로서 이 운동을 계속
하려는 목적을 가지는 것이다. 이와 반대로 박해와 사회적 어려움 때문에 그
들이 신앙적 정체성을 숨기는 것이 내부자운동으로 이해될 때 충분히 비판
의 대상이 될 수 있다. 내부자운동은 이 경계선 상에서 항상 많은 논쟁과 갈
등을 불러일으킨다. 내부자패러다임은 교차문화적 지역 즉 비 기독교적 배
경을 가진 지역에서 "예수를 따르는 자"가 반듯이 "기독교를 따르는 자"라는
의미가 될 수 없으며, 기독교의 중심교리가 예수 그리스도의 죽음과 부활이
라해도, 기독교라는 역사와 문화가 모두 숨 쉬고 있는 사회, 종교, 문화적 의
미보다 "예수를 따르는 자"라는 신자의 정체성에 더 큰 의미를 부여하고 있
다. 다시한번 정리하면, 내부자패러다임에서 개종자들은 자신들의 신앙적
정체성을 숨기려는 의도보다는 공동체 안에서 예수를 따르는 자로서 머물
면서 예수의 복음을 전하려는 자들로 이해될 수 있다. 필자는 내부자운동의
이러한 신학적 특징이 오랜 시간 인간의 역사와 더불어 진화되어온 기독교
의 사회, 종교, 문화적 범위를 뛰어넘고, 그 경계를 허물어 복음의 전파에 상
당히 의미 있다는 점에 동의한다.

그러나 독자들이 앞서 설명한 내부자운동에 관한 신학적 특징을 이해하
여도, 여전히 불편한 심정을 드러낼 수 있다고 필자는 생각한다. 여전히, 타
종교의 배경에는 혼합주의에 빠질 수 있는 지나친 상황화의 문제가 존재하
기 때문이다. 필자는 독자들이 이러한 불편함을 조금이라도 덜어버릴 수 있
는 방법이 이 책의 마지막에 제시되고 있음을 발견하였다. 그것은 바로 '조

력자,' 또는 '동반자' 개념이다.[11] 이들은 내부자운동을 위하여 중요한 역할을 할 수 있다. 하나님은 '예수를 따르는 자'들을 공동체 밖에서도 부르셨다. 이들은 내부자들이 거주하는 국가의 국내나 국외에 거주할 수 있다. 이들은 예수와 함께하는 내부자들의 믿음의 여정에 나란히 함께 한다. 이들은 때로 중재자로, 가르치는 자로, 친구로, 또는 사역자로, 설교자로 내부자들과 함께 한다. 내부자들은 그들 스스로를 그리스도의 몸의 일부라고 생각한다. 따라서 조력자 또는 동반자들이 사회, 종교, 문화적으로 같은 범위에 속하지 않더라도 대부분의 내부자들은 이러한 조력자 또는 동반자들을 예수 안에서 그들의 형제, 자매로 받아들일 수 있다. 이 책의 마지막 장에서는 이러한 조력자 또는 동반자 개념이 내부자운동이 가질 수 있는 한계로부터 내부자들을 자유롭게 할 수 있음을 잘 설명하고 있다.

필자는 이 책을 읽는 그리스도인들에게 전통적으로 무슬림 배경 또는 힌두교 배경 등 타종교를 배경으로 하는 신자들이 그리스도를 영접하는 것이 결코 쉽지 않은 과정이라는 사실을 강조하고 싶다. 무슬림은 그가 태어나기 전부터 무슬림들인 즉 본래 자신이 속한 공동체, 가족에 의해 무슬림 옷을 입고 있는 것이다. 이것은 그 사람의 본성(nature)이 무슬림이 된 것이다. 그 또는 그녀는 머리부터 발끝까지 온통 무슬림으로서의 정체성이 배어나온다. 그 또는 그녀가 예수를 받아들이면서, 성경적 가치관과 맞지 않는 본인의 본성을 수정하고, 제거하고, 성경적으로 재해석 하는 것은 그가 가진 본성을 거스르는 것이다. 생각해보라! 그 또는 그녀가 예수를 만나기 전에는 단 한번도 이슬람적 가치관에 대해서 의심해보았겠는가?, "예수를 따르는 자"로서, 사회, 종교, 문화적으로 기독교가 아닌 그 자신의 공동체 안에 머무른다 하여도, 복음의 씨앗이 심겨진 이상 열매 맺을 수밖에 없을 것이다. 그렇다면 우리가 할 수 있는 일은 무엇인가? 우리는 그들이 길을 잃지 않도록 성실한 조력자 또는 동반자가 될 수 있을 것이다. 이 책은 이러한 사실을 신학적으로 잘 정리해주고 있다.

11　이 책에서는 "Alongsider"라고 표현하고 있다(본문 628).

Muslim—*Christian Encounter* 원고작성요령

1. 일반적 요령

1) 본문의 장, 절, 항의 번호는 I., 2., 3), (4)의 순서에 따라 매긴다.
2) 표와 그림은 본문 내 적당한 위치에 〈표 1〉 혹은 〈그림 1〉과 같은 형식으로 순서를 매겨 삽입한다. 표나 그림의 출처는 표나 그림의 바로 아래에 〈출처: 〉라고 쓴다.

2. 인용

1) 인용의 일반원칙

(1) 각주 사용: 미주(endnote)나 약식 괄호주(Harvard Style)를 사용하지 않고 각주(foot-note)를 사용한다. 인용을 처음 할 때에는 출판사항 등을 모두 명기한다.

(2) 언어 사용: 모든 출처는 원자료에 나와 있는 언어를 그대로 사용함을 원칙으로 한다.

(3) 서적과 논문: 서양어 서적의 경우 이탤릭체를 사용하며 동양어 서적의 경우 겹낫표(『 』)를 사용한다. 논문의 경우 동서양 모두 큰따옴표("")를 사용한다.

(4) 기타: 각주는 2자 내어쓰기를 사용하여 작성한다. 별도의 지침이 없는 한 시카고 스타일(Chicago Style)[1]에 따른다. 한글 인용의 경우 별도의 지침이 없는 한 영문 인용을 준용한다.

2) 예시

(1) 저서의 경우

　　전재옥, 『기독교와 이슬람』(서울: 이화여자대학교출판부, 2003), 125-127.

1　*The Chicago Manual of Style* (Chicago: University of Chicago Press, 1982).

Neal Robinson, *Christ in Islam and Christianity*(London: Macmillan, 1991), 32.

(2) 번역서의 경우

라민 싸네, 『선교 신학의 이해』, 전재옥 역(서울: 대한기독교서회, 1993), 343.

(3) 학위논문의 경우

김영남, "이슬람 사회제도의 여성 문제에 관한 연구: 파키스탄 이슬람 화에 나타난 성

차별을 중심으로," 박사학위논문, 이화여자대학교 대학원, 2003, 15.

Jeong-Min Seo, "The Religious Establishment between the State and Radical Islamist

Movements : The Case of Mubarak's Egypt," Ph.D. diss., University of Oxford, 2001,

45.

(4) 학회지, 학술지 등의 논문이나 기명 기사의 경우

최영길, "꾸란에 등장한 인물연구 : 예수를 중심으로," 『한국이슬람학회논총』, 제16권

제2호 (2006), 10-12.

안 신, "이슬람 다와와 기독교 선교에 대한 비교연구 : 폭력과 비폭력의 경계를 중심으

로," 『종교연구』, 제50집(2008 봄): 234-239.

Ah Young Kim, "Quranic Perspective on the Relationship with Other Faiths," *Muslim-*

Christian Encounter, vol. 1, no. 1(Feb. 2008): 58-60.

(5) 편집된 책 속의 글

김정위, "이슬람 원리주의와 지하드 운동," 이슬람연구소 엮음, 『이슬람의 이상과 현

실』(서울: 예영, 199), 49.

Lamin Sanneh, "Islam, Christianity, and Public Policy," in Lesslie Newbigin, Lamin

Sanneh, & Jenny Taylor, eds., *"Faith and Power - Christianity and Islam,"* in *'Secular'*

Britain(London: SPCK, 1998), 29-38.

(6) 바로 앞의 인용과 동일한 경우

저자, 책이름 or "소논문명," 1.

저자, 책이름, 또는 "소논문명," 23.

(7) 같은 글을 여러 번 인용한 경우

① 동일한 저자의 저술이 하나밖에 없는 경우

전재옥, 책이름, 33.

최영길, 책이름, 11.

Robinson, op. cit., 3-4.

② 동일한 저자의 저술이 여럿일 경우, 두 번째 이상의 인용은 논문이나 책의 이름을 명기한다.

전재옥, 『기독교와 이슬람』, 25-30.

최영길, "꾸란에 등장한 인물연구," 10-12.

Sanneh, "Islam, Christianity, and Public Policy," 30.

Robinson, *Christ in Islam and Christianity*, 11.

3. 참고문헌

1) 참고문헌은 논문 끝에 실으며 다음과 같은 체재로 표시한다.

(1) 책일 경우

전재옥. 『기독교와 이슬람』. 서울: 이화여자대학교출판부, 2003.

Robinson, Neal. *Christ in Islam and Christianity*. London: Macmillan, 1991.

(2) 논문일 경우

안 신, "이슬람 다와 기독교 선교에 대한 비교연구 : 폭력과 비폭력의 경계를 중심으로," 『종교연구』, 제50집(2008 봄): 219-245.

Kim, Ah Young, "Quranic Perspective on the Relationship with Other Faiths," *Muslim-Christian Encounter*. vol. 1, no. 1 (Feb. 2008): 53-72.

Muslim—Christian Encounter 윤리규정

제1조 (목적) 이 규정은 햇불트리니티신학대학원대학교 한국이슬람연구소가 발행하는 정기
학술지 Muslim-Christian Encounter(이하 학술지)와 관련하여 투고자, 편집위원, 심사위원
의 연구윤리를 확립하는 데 목적이 있다.

제2조 (투고자의 윤리)

1. 투고자는 연구자로서 정직성을 지켜야 하며, 학술적 저작물 집필에 관한 일반적 원칙을
   준수해야 한다.
2. 투고자는 일체의 표절 행위를 하지 말아야 한다.
3. 표절이란 출처를 명확히 밝히지 않고 다른 사람의 지적 재산을 임의로 사용하는 모든 행
   위를 일컬으며, 다음의 경우가 해당된다.
   1) 분명한 인용 표시 없이 본인이 수행한 기존 연구 내용의 전부 또는 일부를 그대로 옮기
      는 행위.
   2) 출처를 밝히지 않고 다른 사람의 고유한 생각, 논리, 용어, 자료, 분석방법 등을 임의로
      활용하는 행위.
   3) 출처를 밝혔더라도 분명한 인용 표시 없이 다른 사람의 논의 내용을 원문 그대로 또는
      요약된 형태로 활용하는 행위.
   4) 기타 표절성이 현저하다고 간주될만한 모든 행위.
4. 투고자가 편집위원회의 표절 판정을 수긍할 수 없을 경우 반박할 만한 타당한 이유를 제
   시하여 재심의를 요청할 수 있다. 반박할 만한 사유가 없거나 재심의에서 다시 표절 판정
   이 내려지면 연구자는 더 이상 이의를 제기해서는 안 된다.

제3조 (편집위원의 윤리)

1. 편집위원은 투고된 글의 게재 여부를 결정하는 모든 책임을 지며, 투고자의 인격과 학자

로서 독립성을 존중해야 한다.

2. 편집위원은 투고된 글에 관련하여 투고자의 성별, 나이, 소속기관은 물론 개인적 이념이 나 친분 관계와 무관하게 오직 원고의 질적 수준과 투고 규정에 의거하여 공정하게 처리 해야 한다.

3. 편집위원은 투고된 글에 대한 심사위원을 선정할 때 해당 분야의 전문성을 최우선으로 고려해야 하며, 투고자와 심사위원의 관계에 의해 공정성이 훼손될 가능성을 배제해야 한다.

4. 편집위원회는 표절 행위가 확인된 투고자에 대한 제재를 지체하거나 임의로 제재를 보류 해서는 안 된다. 표절 행위자에 대한 제재는 다음과 같다.

  1) 5년 이하 투고 금지.

  2) 연구소 홈페이지 및 다음 호에 표절 사실 공지.

  3) 인터넷 데이터베이스에서 해당 논문 삭제.

  4) 표절 행위자의 소속기관에 해당 사실 통보.

5. 편집위원은 논문 심사에 관하여 일체의 비밀을 지켜야 하며, 표절 심의에 관하여 공표 대 상이 아닌 내용에 대한 비밀을 지켜야 한다.

제4조 (심사위원의 윤리)

1. 심사위원은 의뢰받은 원고에 대한 심사를 수행함에 정직하고 성실해야 하며, 개인적 이념 이나 친분 관계를 떠나 객관적 기준을 따라야 한다.

2. 심사위원은 자신이 심사 대상 원고를 평가하는 데 적임자가 아니라고 생각될 경우 편집위 원회에 이를 통보해야 한다.

3. 심사위원은 전문 연구자로서 투고자의 인격과 학자로서 독립성을 존중해야 한다.

4. 심사위원은 심사의 제반 사항에 관한 비밀을 지켜야 한다.

제5조 (부칙)

1. 이 규정은 2009년 1월 1일부터 시행한다.

Muslim—Christian Encounter 투고안내문

한국이슬람연구소는 1992년 창립 이후, [무슬림은 예수를 누구라 하는가?], [이슬람의 이상과 실제], [아시아 무슬림공동체], [무슬림여성], 등을 연구지로 발간하였고 2007년 횃불트리니티 신학대학원대학교의 부속기관으로 자리를 옮긴 이후 *Muslim-Christian Encounter*라는 이름으로 연구 저널을 재창간하여 연 2차례 발행을 하고 있습니다. 1호의 주제는 "Peace, Justice and Muslim-Christian Relations"이며, 2호의 주제는 "Muslim Identities in Comtemporary World", 3호의 주제는 "Islamic Da'wah and Christian Mission", 4호의 주제는 "Folk Islam" , 5호의 주제는 "현대 이슬람의 다양한 이슈들", 6호의 주제는 "Muslim Women", 7호는 "Tribute to Dr. Kenneth Cragg", 8호는 "한국 교회와 이슬람", 9호는 "세계 각국의 기독교와 이슬람의 관계," 10호는 "아프리카의 이슬람"이었습니다. 보다 폭넓고 깊이 있는 연구를 위해 한국이슬람연구소는 지속적인 노력을 하고 있습니다.

이러한 지속적인 연구에 관한 사랑과 노력으로 한국이슬람연구소의 저널 *Muslim-Christian Encounter*는 한국 유일의 기독교 이슬람의 관계에 관한 건전하고 깊이 있는 연구를 지향하는 연구지로서 성장하고 있습니다. 뿐만 아니라, Dudley Woodberry, Peter Riddell, Colin Chapman과 같은 해외 유명한 이슬람 학자들과 국내의 이슬람 전문가들의 깊이있고 학문적 완성도가 높은 논문이 다수 게재되고 있습니다.

한국이슬람연구소에서는 *Muslim-Christian Encounter*에 게재를 원하는 투고자의 원고를 모집합니다. 분야는 이슬람 신학, 정치, 역사, 경제 및 기독교 이슬람관계에 관한 다양한 이슈들, 기독교 선교를 위한 무슬림 전도방법론 등으로 이슬람에 관한 전반적인 이슈들과 기독교 이슬람관계에 관한 전문적인 내용들을 말합니다.

한국이슬람연구소는 투고된 논문에 대하여 국내외 전문가들을 모시고 공정한 심사를 거쳐 논문을 게재하며, 투고된 논문 중 게재 가로 결정 된 논문에 한해서 소정의 원고료를 지불합니다. 논문의 투고 시기는 상시 진행됩니다.

▶자세한 안내를 원하시면 횃불트리니티 한국이슬람연구소로 문의하시기 바랍니다.

Tel: 02-570-7563

E-Mail: ttcis@ttgu.ac.kr

횃불트리니티 한국이슬람연구소